(사)한국시인연대 2021

한국시인연대 사화집 제31집

한강의 서정 抒情

한강

(사)한국시인연대

회원 · 제31집

김동배	 김두철	 김봉겸	 김부치	 김사달
 김서연	 김석태	 김선국	 김선옥	 김성일
 김순희	 김승범	 김연하	 김영옥	 김용길
 김용호	 김우식	 김원길	 김이대	 김인식
 김일훈	 김정완	 김정희	 김종기	 김주옥

| 김철규 | 김태자 | 김효겸 | 김훈동 |

(사)한국시인연대

회 원 · 제31집

박숙영	 박신정	 박연희	 박영덕	 박영순
 박영춘	 박일소	 박정민	 박정자	 박진남
 박 향	 박현조	 박화배	 방정순	 배순옥
 배종숙	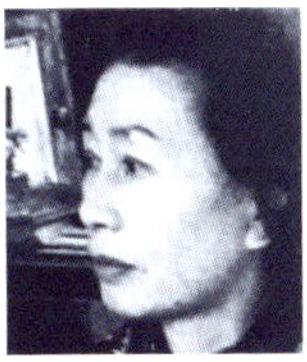 배진수	 변보연	 서정원	 석희구
 성명순	 손나래	 송연우	 신동호	 신사봉

| 신윤호 | 신해자 | 심종은 | 안병민 |

(사)한국시인연대

| 안숙자 |  양지숙 |  엄원용 |  오병욱 |  우태훈 |

| 원수연 |  유나영 |  유병기 |  유양업 |  유인종 |

| 윤명학 |  윤초화 |  윤충선 |  윤하연 |  윤한걸 |

| 이근모 |  이근우 |  이기태 |  이돈배 |  이명우 |

| 이성남 |  이양자 |  이영례 |  이용부 |  이우재 |

이재곤    이재성   이정님^{이롯}   이정자

회원 · 제31집

(사)한국시인연대

 진 명 희
 진 진 욱
 차 경 섭
 차 영 규
 채 명 호

 최 광 호
 최 영 순
 최 예 은
 최 완 욱
 최 정 수

 최 정 순
 최 주 식
 최 진 만
 최 창 일
 최 태 석

 최 해 혁
 최 형 윤
 추 경 희
 추 영 호
 한 병 윤

 한 　 빈
 한 성 근
 현 영 길
 현 형 수
 홍 경 흠

 홍 계 숙

(사)한국시인연대 2021

한국시인연대 사화집 제31집

한강의 서정 抒情

한강

발간사

(사)한국시인연대 사화집 제31집을 발간하며

    봄을 기다리는 시, 흙냄새가 납니다. 매년 기다리고 기다리다가 얼굴을 내미는 새싹처럼 정겨운 시, 살갑게 사랑으로 보살피는 눈으로 어둠에서 빛을 발현합니다. 이런 여러 회원님들의 시편을 대할 때마다 가슴 설렙니다.

    금년 추석 연휴에는 가까운 들판에 나가 보름달이 꽉 차지 않은 여백의 달빛을 받으며 장작더미에 오르는 불꽃을 가슴으로 안으며 캠프파이어를 즐겼습니다. 자영업을 하며 글을 쓰는 친구와 우리는 스스로 자위하는 불꽃에 온몸을 맡기기 시작했습니다. 누가 먼저랄 것도 없이 우리는 환호성으로 소리를 높였고 응원의 손뼉을 쳤습니다. 장작불이 야위어 갈 무렵까지 우리는 시선을 떼지 않고 '불멍'의 침묵의 시간을 가졌습니다. 불꽃 속에서 새로운 기가 우리 몸속으로 스며드는 영감을 받는 것만 같았습니다. 불꽃 속에는 우리의 아름다운 시상이 숨어 있고 코로나19로 힘든 나날을 이겨내려는 의지가 있지 않았나 싶습니다.

　작은 텃밭과 주변 환경을 꽃으로 단장하는 자연과 더불어 살아갑니다. 주변에서 철 따라 들려오는 음악 소리는 연주자가 따로 없습니다. 모두가 연주자이고 음악가입니다. 풀잎의 노랫소리와 푸른 창공을 밑줄 긋는 고추잠자리, 땅에서는 꽃무릇이 빨간 볼펜을 들고 가을을 노크합니다.

　제31집 사화집을 발간하는 (사)한국시인연대는 창립 31돌을 맞았습니다.
　(사)한국시인연대가 대한민국의 대표 시인 단체로 활동할 수 있었던 것은 월간 《문학공간》지를 33년간 이끌어 오신 (사)한국문화예술연대 최광호 이사장님의 뜨거운 열정이 있었기 때문입니다. 사단법인 한국문화예술연대의 시분과인 한국시인연대는 앞으로도 시문학의 발전을 위해 노력할 것입니다.

　이번 사화집은 기한 내 제출된 200여 분의 원고만을 편집하는 아쉬움이 있었습니다. 이제 앞으로는 더 많은 분들이 참여함으로써 보다 풍성한 작품집이 되기를 기대해 봅니다. 또한 우리 연대에서 발간하는 사화집이 우리나라 대표 시인의 역사적인 발표의 장이 되고, 나아가 독자분들의 많은 사랑이 있기를 바랍니다.
　아무쪼록 (사)한국시인연대 회원 여러분의 참여와 아낌없는 후원과 열정을 부탁드립니다.

2021년 12월
(사)한국시인연대 회장 박현조

목차

발간사　박현조

강기주	화개동 편지·1 외 1편/	21
강당희	아버지 외 1편/	23
강덕순	능소화 외 1편/	25
강동기	꽃 본 듯이 외 1편/	27
강민수	다비장 가는 길 외 1편/	29
강부호	계칩 외 1편/	32
강안나	첫눈이 사랑한 꽃 외 1편/	34
강인숙	사막 패밀리 외 1편/	36
강정식	나이테 외 1편/	38
강희주	곡선의 힘/	40
경진희	꺼떡꺼떡 백담사 외 1편/	42
고창표	산은 언제나 나에게 외 1편/	44
공영구	난생처음 외 1편/	46
곽병희	레커에 끌려가는 자동차 외 1편/	48
곽종철	철 지나 우는 청개구리 외 1편/	50
구춘지	어느 영혼을 생각하며 외 1편/	52
권규학	대한민국, 더는 아프지 마라 외 1편/	54
권순악	그대 뜰 안에 핀 꽃 외 1편/	56
권영춘	겨울을 위한 소설 외 1편/	58
권영호	억새풀, 당신은 외 1편/	62
권오견	숲길을 걸으면서 외 1편/	65
권혁모	첫눈 외 1편/	68
금동건	괜찮아 외 1편/	70
기　청	팬데믹의 시간 외 1편/	72
김관식	파도 외 1편/	75
김근숙	고향 풍경 외 1편/	78
김기순	오늘을 충실하게 외 1편/	80
김낙연	매화 축제 외 1편/	82

(사)한국시인연대

84 /아침 이슬 외 1편 김남구
87 /멀리 돌아왔습니다 외 1편 김동배
89 /복날 외 1편 김두철
91 /바람의 자리 외 1편 김봉겸
93 /빗자루 외 1편 김부치
96 /천의 어머니 외 1편 김사달
98 /강화도 대곡평야 외 1편 김서연
100 /잡초, 잡초여 외 1편 김석태
102 /사마귀 외 1편 김선국
104 /연꽃 외 1편 김선옥
106 /바람이 울면 피는 꽃 외 1편 김성일
108 /바람의 섬에서 외 1편 김순희
110 /바다의 꿈 외 1편 김승범
112 /바람의 시 외 1편 김연하
114 /오월의 수채화 외 1편 김영옥
117 /인생의 겨울 외 1편 김용길
119 /마음이 예뻐지는 가을 외 1편 김용호
121 /아내 옷 외 1편 김우식
124 /다시 작별을 위해 외 1편 김원길
126 /바람이 가는 길 외 1편 김이대
128 /사랑인가 봐 외 1편 김인식
130 /달빛 외 1편 김일훈
132 /무위로 돌아온 순백 외 1편 김정완
134 /꽃무릇 외 1편 김정희
136 /철 외 1편 김종기
138 /코로나 시대의 가을 외 1편 김주옥
140 /새만금의 땅 외 1편 김철규
142 /노인으로 외 1편 김태자
145 /적벽미인 속의 사랑 편지 외 1편 김효겸
147 /인두화 외 1편 김훈동

목차

김흥규	청산	외 1편/ 149
남지연	거기 바다를 두고 왔다	외 1편/ 151
남현우	큰 고향	외 1편/ 153
노민환	봄 그리고 강	외 1편/ 155
노연희	첫눈	외 1편/ 157
노준현	가을 하늘	외 1편/ 159
도경회	상리원 복사꽃	외 1편/ 161
류순자	대웅전에서	외 1편/ 163
류영환	노란 사각 도시락	외 1편/ 165
류중석	신작로	외 1편/ 167
리창근	광화문 봉쇄	외 1편/ 169
맹기영	흔적·3	외 1편/ 171
모상철	매듭	외 1편/ 173
문정숙	가로등 불빛	외 1편/ 175
문홍희	삶	외 1편/ 178
민병일	망야	외 1편/ 180
민수호	국립공원 1호	외 1편/ 182
박건웅	푸념	외 1편/ 184
박관호	단풍	외 1편/ 187
박기임	황혼은 소리 없이	외 1편/ 189
박달재	막걸리 나그네	외 1편/ 191
박대순	내 고향 산 일번지	외 1편/ 193
박도명	창문 밖 풍경이 주는	외 1편/ 195
박두현	동강할미꽃의 항변	외 1편/ 197
박래흥	황금박쥐의 눈	외 1편/ 199
박명희	바람의 모퉁이	외 1편/ 201
박민정	주름뿐인 강물	외 1편/ 203
박병수	어느 소녀의 일기	외 1편/ 205
박상진	빗소리	외 1편/ 207
박성희	월출산	외 1편/ 209

211 /희미한 십자가 외 1편	박숙영
214 /병상 유감 외 1편	박신정
216 /내 삶의 주인으로 외 1편	박연희
218 /감미로운 노령 스타 외 1편	박영덕
220 /너와 나 외 1편	박영순
222 /무궁화 꽃 한 송이 외 1편	박영춘
224 /울 엄마 외 1편	박일소
226 /• 외 1편	박정민
229 /밥 먹었어요 외 1편	박정자
231 /그 자리 외 1편	박진남
233 /장수사진 외 1편	박　향
235 /노을 기도 외 1편	박현조
237 /명태 외 1편	박화배
240 /전통의 마음 외 1편	방정순
242 /광대 외 1편	배순옥
244 /억새 외 1편	배종숙
246 /잃어버린 시간을 찾아 외 1편	배진수
248 /구운 감자 셋 톨 외 1편	변보연
250 /낙지 외 1편	서정원
252 /아가페 외 1편	석희구
254 /남은 길도 함께 외 1편	성명순
256 /룸미러 외 1편	손나래
258 /남매 외 1편	송연우
260 /산골 마을 외 1편	신동호
262 /임플란트 외 1편	신사봉
264 /사랑과 우정 외 1편	신윤호
267 /무등산의 위용 외 1편	신해자
269 /꿈의 결실 외 1편	심종은
271 /포기하지 않은 꿈 외 1편	안병민
274 /거미 외 1편	안숙자

(사)한국시인연대

목차

양지숙 　시간이 멈춘 듯 외 1편/ 276
엄원용 　바람난 여자 외 1편/ 278
오병욱 　우주에 대하여 외 1편/ 280
우태훈 　비가 오면 떠오르는 당신 외 1편/ 282
원수연 　부르는 소리 외 1편/ 284
유나영 　그리움의 숨결 하나 묻어 외 1편/ 286
유병기 　고요한 시간 외 1편/ 288
유양업 　만추 외 1편/ 291
유인종 　제비가 되어 외 1편/ 293
윤명학 　청송 장날 외 1편/ 295
윤초화 　그대 이름 바람에 흩날리네 외 1편/ 298
윤충선 　연둣빛 찻물 외 1편/ 300
윤하연 　말매미의 곡조 외 1편/ 302
윤한걸 　어느 하늘 아래 살고 있을까 외 1편/ 304
이근모 　시냇물에 발을 담그고 외 1편/ 306
이근우 　가을 아침 외 1편/ 308
이기태 　시 감상 외 1편/ 310
이돈배 　경청 외 1편/ 312
이명우 　산골 풍경·1,100 외 1편/ 314
이성남 　유산 외 1편/ 316
이양자 　백신 주사 맞는 날 외 1편/ 318
이영례 　시간은 외 1편/ 321
이용부 　늦가을 외 1편/ 323
이우재 　정든 님 사연 외 1편/ 325
이재곤 　산행 외 1편/ 327
이재성 　안빈낙도 외 1편/ 329
이정님^{이룻} 절대영감을 위하여 외 1편/ 331
이정자 　동강할미꽃 외 1편/ 333
이종문 　산다는 것 외 1편/ 335
이종수 　기망 외 1편/ 337

(사)한국시인연대

340 /집에 가자 외 1편 이지언
342 /이슬 외 1편 이진석
344 /산다는 것은 외 1편 이한식
346 /가을 장마에 외 1편 임제훈
348 /연꽃 외 1편 임 향
350 /낙엽의 귀로 장동석
353 /여름의 끝에서 외 1편 장영옥
355 /해바라기에게 외 1편 장형주
357 /타물폭포 외 1편 전병철
359 /초침 외 1편 전석홍
361 /달무리 외 1편 전순선
363 /코로나19 외 1편 전윤동
365 /한계령을 넘으며 외 1편 전현하
367 /수련화 외 1편 정권식
369 /봄은 외 1편 정성채
371 /시가 하늘길 열었다 외 1편 정수영
373 /갈대 외 1편 정순영
375 /억만금으로도 살 수 없는 정원 외 1편 정윤숙
377 /명품 명강의 외 1편 정정순
379 /굴절을 읽다 외 1편 정주이
382 /구름 외 1편 정진덕
384 /뒤돌아볼 일이다 외 1편 조덕혜
386 /광교산 푸른 봉에 외 1편 조병서
388 /배앓이 외 1편 조성학
390 /콩물국수 외 1편 조정일
393 /우리나라 외 1편 조혜식
395 /동백꽃 피다 외 1편 조홍규
397 /가을날에 외 1편 진명희
399 /보채는 가슴 외 1편 진진욱
401 /백제의 회한·1 외 1편 차경섭

목차

차영규　은하수가 꽃이 되어 외 1편/ 403
채명호　닭 울음 외 1편/ 405
최광호　산에게 외 1편/ 407
최영순　새봄 외 1편/ 409
최예은　봄의 서막 외 1편/ 411
최완욱　산/ 414
최정수　세월 외 1편/ 415
최정순　봉린산 심원사 외 1편/ 417
최주식　다리미의 외출 외 1편/ 419
최진만　초승달 외 1편/ 421
최창일　풍경 속에서 외 1편/ 423
최태석　태양은 다시 떠오른다 외 1편/ 425
최해혁　외로운 밤에는 별이 많아지는 까닭을 알겠다 외 1편/ 427
최형윤　노을 외 1편/ 429
추경희　마중물 외 1편/ 431
추영호　태풍 뒤 외 1편/ 433
한병윤　어느 묘지 옆에서 외 1편/ 435
한　빈　흐르는 혈맥 외 1편/ 437
한성근　꽃 진 자리 외 1편/ 440
현영길　비가 지나고 나면 외 1편/ 442
현형수　황야의 꽃 외 1편/ 444
홍경흠　사랑을 잃고 사랑을 간직하네 외 1편/ 446
홍계숙　확인된 사랑 외 1편/ 448

한국시인연대상 운영에 관한 세칙
한국시인연대 제16대 임원

(사)한국시인연대 2021

한국시인연대 사화집 제31집

한강의 서정 抒情

화개동 편지·1 외 1편

강기주

산골 물 귀를 뚫고
어둠 새가 울음 울면

달빛도 적막 속에
서성이다 매여 있고

홀로 선 그림자 그대
벌판 위에 누웠다

세상은 고물 잔치
하룻날은 어지럽고

기회가 온다 해도
돌아앉아 웃을 일

둥그런 가슴을 열고
너와 내가 웃을 일만.

화개동 편지·2

하늘을 봐요 물과 구름
그리고 그 세상

모습은 청청한데
가슴 그 아쉬움에

서녘에 구름이 이니
눈빛들이 외로워라.

아버지 외 1편

강 당 희

나 어릴 때
밥상머리에서 귀가 따갑도록
훈육하신 것이 지식의 씨앗이 되고
거름이 되어 나무가 잘 자랄 수 있었습니다

그 훈육이 나무가 자라는 주위 환경을
깨끗하고 투명하게 하는
수신을 알게 하였습니다

나무가 자라는 동안
태풍과 가뭄과 혹한의 세파를
슬기롭게 뛰어넘어
건강한 나라의 재목으로
사랑의 꽃을 활짝 피워서
사람들이 부러워하는
탐스러운 열매가 주렁주렁 열렸습니다

하늘에 계신
큰 스승이신 아버지
고맙습니다
감사합니다
사랑합니다.

발자국

첫눈 내리던 날
아무도 지나가지 않은
눈 위에 남긴 내 발자국

태초의 하늘과 땅이 다시 열린
티 없이 깨끗한 새하얀 이 세상
나는 태초의 신선이 되어
힘차게 두 발을 옮긴다
세상의 끝까지
내 발자국 따라 새 길이 열린다.

능소화 외 1편

강 덕 순

소리로 말할까
빛으로 말할까
굽이굽이 고개 넘어
바라만 볼 수 있다 해도
행복이니까
생각만 해도
즐거운 이 마음
못 보고 만나지 못해도
마음만은 더욱 간절해
누가
내 말 좀 들어 주렴
나팔 불고 싶어도
알아줄 사람 없어 안타까워
세월이 가고 또 가도
마음은 허전하기만 하다
언제라도 만나리라는
기대 속에 지나온 세상
세월에 속고 살면서도
꿈꾸며 살아가는 너
언젠가는
만날 수 있겠지.

파도

막혔던 가슴속
시원히 열어 주는 너
유채꽃 만개한 풍경화
그려 둔 채
노랑 물감
온 들판에 뿌려 놓는 너
푸른 파도가 넘실넘실
노랑 꽃 푸른 물 잘 어우러지는 그곳
하루도 쉬지 않고 낮밤 없이
처얼썩 처얼썩
바닥을 씻어내는 너
모든 만물이 잠들어도
너만은 쉬지 않고 되새김질하며
하얀 포말 토해 낸다
내 마음에도
파란 파도처럼 한 번 씻어 준다면
얼마나 깨끗할까
속이 훤히 다
보일 거야
얼굴만 화장하지 말고
머리도 치장한다면
맑은 정신으로 정직하게 살아갈 테지.

꽃 본 듯이 외 1편

강 동 기

보세
보세
꽃 본 듯이 보세

높은 곳에서 낮은 곳으로 물이 흐르듯
가는 세월 가게 하고 오는 세월 오게 하듯
꽃 본 듯이

뭉게구름 떠돌고 실바람 불어오고
오솔길이 아름다운 건
꽃을 보듯 보기 때문이다

기뻐하세
기뻐하세
꽃 본 듯이 기뻐하세

밤하늘에 은하수가 내 가슴에 감성이
물 한 모금 풀 한 포기 사연이 있듯
꽃 본 듯이

달빛 속에 핀 정
향기롭고 설레는 건
꽃을 보듯 기쁘기 때문이다

꽃 본 듯이.

나는 꽃이고 싶다

하늘 흐리고
수심 깊어져도
나는 꽃이고 싶다

섬섬하고
삼삼하며
애면글면 안 해도
나는 꽃이고 싶다

기러기 떼 날아가고
황혼이 찾아와도
나는 꽃이고 싶다

날이 가고
해가 져도
꽃 중의 꽃
나는 꽃이고 싶다.

다비장 가는 길 외 1편

강|민|수

코스모스 한 송이 하늘을 받쳐 들고
다비장 길섶에 외롭게 섰다
걸어서는 넘을 수 없는 고개
잉여 없이 오르는 가교駕轎의 가마발이
오늘따라 유난히 붉다

잃어버린 치부책置簿册 찾아 떠났던 저승사자도,
그를 따라 마실 나갔던 곡비哭婢 돌아오더니
순간, 무풍한송로舞風寒松道 울음소리 낭자하고
목탁 위 졸고 있던 화두話頭, 그도
놀라 눈 비비며 달려 나와
오르는 이 있어도 내려오는 놈 없더라며
묵언염불默言念佛로 종언終焉 길 쓸고 있다

늘 푸르던 그 계절
그 계절의 연극과 질풍노도의 여정旅程
스스로 끈을 놓아
떨켜의 철학을 사유하는
창호지 밖 새로운 생의 첫날
풍각쟁이 앞세워 오르는 깊고도 먼 길
 상두꾼의 애조 띤 매김 가락 "너허 너허 너하비 너허 가자 넘자 너허 너"
 선정禪定 든 노송을 깨운다
 호적胡笛 소리에 흔들리는 산천

아쉬워 말자
"인생이란 바람처럼 왔다가
연기처럼 사라지는 것" 이라고 했다

천둥 같은 돌쩌귀 표호豹虎, 하늘 대문 열리는 화중련火中蓮

훨 훨 훨
오늘은 쾌청.

묵언 수행

무풍한솔길에 핏자국 선명한 용피바위
나는 안다, 지금 그는 면벽 수행 중임을,

관심법으로 천리를 내다보는 혜안慧眼
용수를 쓴 채 입 다물고 돌쩌귀 걸어 잠그고
가부좌 튼 바위
낙엽 구르는 소리에 선잠 깰까 두려워
구름도 뒤꿈치 들고 지나간다

철없는 인간들이 바위라 하찮게 말해도
귀담아 두지 마라
백년을 못 사는 것들이
천년을 안고 온, 시간을 시샘하고 있다
어느 따뜻한 봄날 가부좌 풀고
뭇 생명들 품으로 기어들면
환희심歡喜心이 수미산에 닿으리라

세월 흐르면 시나브로
연꽃이 두 손 들고 노래 부르며
푸른 하늘 채색할 것이니
그때 큰마음 큰 웃음으로 안아 주시게.

계칩啓蟄 외 1편

강 부 호

그믐달 눈썹 아래
반쯤 감은 눈빛으로

옹달샘 넘치는 물
양철통으로 흘러 흐르는
그 소리에 빛을 맞춘다

아직도 곤한 잠인데
깨고 일어나지 않을 수 없다

칩蟄에 모인 땅속 친구들
물소리에 계시啓時를
뜸 들이고 있는데

바깥세상이 하도 시끄러워
적막 깨고 일어나 보니
검둥대장 갑옷 벗는 소리러라.

태풍 오마이스Omais

태풍의 눈은 만리 밖인데
팔라우 국國의 그림자는
벌써부터 지붕 아래까지
곧 삼킬듯 맴돌고 있다

항 포구엔 피난선들 간
어깨띠로 동무들 힘 모아
행여 질풍 속에 옛것까지
앗아 갈까 부둥켜 맨다

기어이 무거운 짐을
내려놓기 시작한다
먹구름 용틀임 지울 땐
하늘 밑 수로는 체증,

오만것 다 공삼매

비바람은 구름배에
사공 따라가니,
멍하니 무심의 산山은
오마이스의 흔적만 바라보고 섰다.

첫눈이 사랑한 꽃 외 1편

강 안 나

지리산 산모롱이
시린 하늘 베고 누운 구절초
차마 꺾을 수가 없었습니다

갈빛 뭉개지도록
굽이굽이 밭고랑 일구던
울 어머니 보듬은 보오얀 가슴
아쉬워 보낼 수도 없었습니다

이국만리 보낸 딸
하마하마 기다리다
계곡 휘돌아 흐르는
살가운 심혼의 향기

내 마음에 한번도 보낸 적 없는
첩첩이 쌓인 사모의 정
첫눈이 살포시 품었습니다.

청춘 악보

구름 바람 비 끌어안고
겨울 산은 밤마다 저리도 슬피 우나

세월 속에 놓쳐 버린 서러운 약속 하나
온몸 마디마디 푸른 꿈을 찾아
허공을 헤매이며

하늘엔 예나지나 별빛 찬연하고
연둣빛 봄은 산천을 적시는데

가려진 커튼 속에 타다남은 아쉬움
다 추스르지 못한 인생 여정
두런두런 엮어 회억의 잔 돌리니
피고 지는 꽃잎마다 사랑이어라

어제의 투명한 눈물 한 방울
오래오래 바래지 않는 내 청춘 악보 위에.

사막 패밀리 외 1편

강│인│숙

가슴 깊은 어디에선가
전생의 기억 애잔하니 풀리는
모래바람의 노랫말

뿌여니 겹겹의 세월 어리어

이생에서 마주한 신기루
다하지 못한 그 사람
다하지 못한 시간들이
환생인 듯이 채워지고 있다

또 하나의 의미 없이 모래성은 쌓이고
바람결 무늬 고운 이랑
몇 생을 거듭나야
외롭지 않은 발자국 될까

생을 다한 한 줄기 유성
어느 성녀의 옷자락
아기별들이
실눈달이
밤물결 출렁임 되어 거듭 피는 꿈일까

모래바람으로 그 사람을 부르다
모래바람 속 그 목소린가 하다
기약 없는 또 하루에 슬픈 잠이 든다.

묵호방파제

어두움이 비밀스레 길어지고
찬 기운 쓸쓸히 다가와지면
쫓기는 듯이 허허로움 창을 연다

시선 끝에 맺혀지는

드넓은 산천
하늘 들판 헤집어 바다에 이른다

오색 속 두 푸름에 갇히어
아 황홀하다
가버린 그 순간 무심하기만 한
꿈이었나

물결 소리
출렁이는 별
그날인 듯이

기억 속 떠나지 못한 시간만이
그러나 이마저 비워야 할 걸 알아
다시 한 번 더 뒤돌아 후회를 않는

어두움이 비밀스레 길어지고
찬 기운 쓸쓸히 다가와지면
쫓기는 듯이 허허로운 시선 창을 닫는다.

나이테 외 1편

강 정 식

나무도 나이를 먹는다
한 살 두 살…
사계절 따라 크는 대로
나이를 먹는다
사람은 숫자로 나이를 세다가 가지만
나무는 나이테로 살다가
고목이 되기도 하고
베어지기고 하고
송진과 관솔과 숯덩이만 남기고
산을 떠난다.

잡초

텃밭을 부치는데
잡초가 무성하네

뽑고 매고 베어내도
더 잘 크는 온갖 풀들

이름이 있을 법한데
나만 몰라 궁금하다

무더운 여름 날씨 기를 쓰며 자라는데
저러다 첫서리 오면
삶은 듯 생기 잃고
어쩌다 살아남은 풀 씨앗으로 남는다

줄기는 말라도
뿌리는 살았거늘 내년 봄 다시 오면
움츠렸던 자세 펴고
또 한 번 살아나 보자
마음 다짐해 본다.

곡선의 힘 외 1편

강 | 희 | 주

곡선은 천성이 부드럽다 온화하고 지혜롭고
곡선일수록 포용력이 많다 하겠는데
굽이굽이 흐르는 강물들도
그냥 지나치지 아니하고
아우르고 감싸 안는 곡선의 모습이다

절벽 위에 외로이 서 있는 노송 한 그루도
허투루 보지 않고
온몸으로 물줄기를 밀어 올리는
곡선의 또 다른 사랑이다

느리지만 나태하지 않고
연약하지만 두려워하지 않고
부드럽지만 겁내지 않는
포기를 모르는 곡선의 힘

가령 길을 만들 때
개울이나 가시밭을 만나도 끝나지 않는 것은
곡선의 힘을 빌려
개울을 만나면 돌아서 가고
가시밭을 만나면 피해 가는
그래서 세상의 길은 곡선이 되고
하나의 길이 되는 기꺼운 방식이다.

역방향

기차를 타고 여행을 떠났다
좌석표가 역방향이다
어차피 미래는 볼 수 없으니
지나온 길이나 보며 가자 마음먹었습니다
앞을 향해 달려가는 마주 앉은 당신이
뜯어내는 날짜들이 줄줄이 내게로 쏟아지고
지나간 풍경들 꾸역꾸역 토해내는
당신을 바라보니
몇 장 안 남은 달력처럼 얇아진 어깨
들여다보면 당신 가슴에 구멍이 술술 뚫려
비명이 들락거릴 것 같군요
떨어진 날들과 토해낸 풍경들을 주워 담으며
종착역을 향해 달려가고 있지만
당신과 나는 점점 더 멀어지는군요
만날 수 있는 확률은 제로
우리는 어차피 역방향 인연
당신은 앞문으로 나는 뒷문으로
인사도 없이 기약도 없이 가야겠지요.

꺼떡꺼떡 백담사 외 1편

경│진│희

길이라 간다마는 물길 있어 체면 서고
걸터앉은 구름은 굴러 버릴 이슬이고
달빛이 파고들까나 뼛속까지 스밀까나

나뭇잎 벌어지는 소리가 날 것 같은
홍대로 난 길로 꺼떡이며 가보자
바람이 서둘지 않으니 절로 가는 세상이다

옥을 훔친 물빛은 처용가나 불러라
고스란히 드러낸 바위하고 살던가
솔향이 건드리면은 주체 못할 사랑이다

열두 줄 가야금은 하늘을 빌렸다
이미 터진 불꽃 같은 환장할 인심이다
돌탑이 살아 웃으니 그림자 물 마신다

여름날의 햇빛에 풍경도 늘어지고
잎새의 한줌마다 그리움과 긴 기다림
스님의 목탁 소리가 마당을 쓸고 있다.

다산 초당

허울쯤 벗어던진 산길은 털린 넝마
고약함을 깔아 놓고 대책 없이 춤을 춘다
물소리 되돌아가도 묵은 것이 있어 좋다

산 하나 가졌건만 열두 대문 두질 않고
남아 있을 시간 둘레 주저앉을 물소리
땅을 파 하늘을 쪼갠들 그게 어디 마음일까

등에 붙은 그리움 둔탁하다 두텁다
한잔의 차향이 걸쭉한 바람 탄다
하늘은 그냥 있는데 흐느적 가는 세상.

산은 언제나 나에게 외 1편

고 창 표

내가 기지개 켜며 가슴 부풀릴 때
산은 가지마다 샛노란 움을 틔워 주었고요,
내가 땀에 흠뻑 젖어 들 땐
산은 녹음 짙은 숲으로 그늘 늘려 주었습니다
내가 옷맵시 멋 부릴 땐
산은 색색이 물을 들여 빛내 주었고요,
내가 으스스 움츠러들 때마다
산은 때깔 겹겹이 받쳐 입은 옷
아낌없이 하나하나 벗어 주었습니다.

철 지난 지금도 하나하나
변함없이.

봄맞이 찻집

마주하는 얼굴마다 꽃잎이 일렁이고
미소 띤 입가에 철새 입새 재잘재잘
부딪히는 잔마다 기울이는 잔마다
꽃향기 스며들고 잎새 신록 묻어나네

온기 함께 감싸 안는 새하얀 찻잔마다
가녀린 손마디 아지랑이 일렁일렁
물씬대는 잔마다 출렁이는 잔마다
연인들 부푼 가슴 타는 입술 녹아드네.

난생처음 외 1편

공영구

한 여자
도라지꽃 닮은 여자
그녀를 뿌리째 캐고 싶다
잔뿌리 하나 다치지 않게 천천히 캐고 싶다
서투른 괭이질로 부름켜 잘리지 않게 캐고 싶다
경수 나오는 날이면 일주일 쉬는 것도 괜찮다
살갗에 헛바닥 닿아도 좋다
새털구름 같은 하얀 속살이 단단한 근육질
물구나무로 서서 보면 더 아름답게 보일 것 같은 나신
지금까지 살아오면서
맛있게 삭혀지지 못한 생속
외간 남자 손만 닿아도 근심과 신열 많아진다니
다시 한 번 쟁기질 하고 지나가야겠다
음핵을 다치지 않게 조심하면서
그녀가 뿌리째 드러나고 있다
헛바닥에 바늘이 몇 개 돋아 있다.

보고 또 보고

아직 새댁처럼 쓸 만하다
어머니가 병자보다 더 귀하게 다루던 그릇
한약 냄새 풍기며 펄펄 끓던 체온
이제 싸늘하다
아직도 볼은 윤기나고 손잡이는 튼실하다
창호지 덮개는 어디 가고
꽃 한 송이 피어 있다
얼마나 많은 약을 마셨기에 꽃이 저리 싱싱하다
압력솥, 전기 약탕기에 밀려
화분이 된 옹기 약탕기
꽃과 함께 숨쉬고 꽃거름 발효시키는
너의 또 다른 재주를 본다
약보다 더 귀한 정성을 덧칠한
약병아리 한 마리 끓이고 싶다
시작과 끝을 모르고 살아가는 일상에서
새로 태어난 너의 영혼이 참 부럽다
남의 속도 모르면서
보고 또 보고.

레커에 끌려가는 자동차 외 1편

곽병희

직진을 보류한 타인의 시간이
노상에서 거꾸로 전시되며 간다
치료되거나 폐차장을 만나야 할 시간이
전신으로 웅변되는데
그래도 정지 혹은 퇴보의 기로에서
마음을 되돌려 보면
기워진 실수라도 전진을 추동하는 법
한때의 후퇴에 쉬어 갈 수 있다 하네.

놀부찌개※

놀부찌개 집의 찌개는 짠맛에 승부를 건다
음식의 맛을 올려 주면서
양은 조금 빼는 짠 근성 속에
얼마간의 이윤을 녹여낸다
남에게 후한 흥부를 추방하고
단점이 장점으로 계승되는 새옹지마를
받아들인 행운들
세월을 고쳐 가며 사는 삶에
수긍하는 걸음들이 분주하다.

※식당 이름

철 지나 우는 청개구리 외 1편

곽│종│철

하루에 천 번을 생각하시며
날 키워서도 그걸 몰랐지
세상에 무거운 짐 다 지시고
살았어도 난 그걸 몰랐지
한없이 받기만 한 사랑인데도
늘 모자라 갈망하고
투정만 부리며 속 썩였던
못난이 중의 못난이였지
응석을 부릴 때마다
늘 응석받이가 돼 주고
아무리 못해도 위로하며
늘 어깨를 두드려 준 여인
철들고 알 만하니까
저세상으로 훌쩍 떠나 버리신
내 첫사랑의 여인
그대는 나의 어머니시다
이제야 알겠어요
뉘우치며 참회하며
철 지나 우는 청개구리
절 올립니다.

꽃은 아파도 웃는다

바람이 찾아와 흔들고
날씨가 심술을 부리면
꽃은 아프다
나비가 찾아와 안기고
벌이 다정하게 속삭여도
꽃은 아플 때가 있다
꽃은 아파도 웃는다
우리를 늘 웃게 한다
세상을 밝고 젊게 한다
장미꽃만 좋아하면
안개꽃은 어쩌나!
이 꽃 저 꽃 다 꽃이다.

어느 영혼을 생각하며 외 1편
— 일용직 노동자의 죽음

구 춘 지

기쁘면 눈물이 나도록 웃어 보자
슬프면 웃음이 나도록 울어 보자

비바람에 흔들려도 견디며
달빛에 하얗게 피워 낸 사랑

달도 별도 다 따다 주겠다고
새벽이슬 맞으며 찬바람 가르며

따듯한 햇살에 열매 맺지 못하고
돌개바람에 천상으로 날아간 영혼

푸르게 웃어 보지 못한 눈물겨운 목숨
푸르게 울어 보지 못한 가여운 목숨

속수무책 꺾인 붉은 꽃은 아픔이다
속수무책 꺾인 푸른 꽃은 슬픔이다.

강촌역의 옛 역사

바람만이 머물다 가는 자리
햇살이 궁금한 듯 기웃거리며
강물은 산노을 내려서면, 산그림자
등에 업고 시간을 담아 내고 있다

여름날 밤하늘 수놓는 반딧불이
처럼, 나래 푸르던 꿈들의 가락소리
메아리로 사라진 빈 하늘

이제는
향기 있는 옛이야기, 코스모스꽃이
강물에 소근소근 풀어내고, 달맞이꽃
기다리는 님도 맞이할 님도 없다

눈 내리면 산비둘기만이 추억 담은
발자국 찍어 놓는다.

대한민국, 더는 아프지 마라 외 1편

권규학

아프다, 몸도 마음도
지난 세월을 돌아봐도 아프고
앞을 내다보니 더 아프다

네가 아프니
나도 아프고
세상을 둘러싼 모든 게 다 아프다

몸이 불편하니
마음도 따라 아프고
두 손 모은 미래는 아프다 못해 펄펄 끓는다

아프지 마라, 더는
과거의 상처에 약을 발라도 들질 않는다
불치병이다, 미래도 희망도

아무리 좋은 약일지라도 듣지 않으면 소용이 없다
아무리 혈통이 좋은 훌륭한 말[馬]일지라도
주인을 태우지 않은 말[馬]은 명마 名馬가 될 수 없듯이.

들길을 걸으며

얼마나 더 많은 풀꽃을 알아야
들길을 걷는 내 발걸음이 가벼워질까
얼마나 더 많은 나무를 배워야
숲길을 찾는 내 마음이 평안해질까

지천至賤에 깔린 풀꽃과 나무들
그들을 아는데도 쉽지가 않거늘
사람 사는 세상을 제대로 아는 데는
또 얼마나 많은 세월을 견뎌야 할까

버리고, 비우고, 내려놓아야만 한다기에
그래야만 제대로 된 삶을 살 수 있다기에
자세를 낮추고 모든 걸 털어내었지만
잘 사는 모양새는 어디에서도 찾을 수가 없구나

너무 많은 걸 내려놓고 버린 건 아니었을까
어쩌면, 그런지도 모를 일이다
내가 나를 소중하게 챙기지 않으면
남들도 나를 소중히 여기지 않을 테니.

그대 뜰 안에 핀 꽃 외 1편

권|순|악|

나는 언제나
그대 창가에 떠도는 흰 구름

나는 언제나
그대 창가에서 노래하는 산새 한 마리

나는 언제나
그대 뜰 안에 핀 한 송이 꽃

보고픈 편지를 구름에 쓰고
보고픈 말을 산새에 전하고
꽃이 되어 그대 뜰 안에 피었다오.

동백꽃

흐느끼는 사랑이라 하자
그냥 실컷 울어
눈물 젖은 얼굴이라 하자
수줍어 참았던 사랑이
얼마나 뜨거웠기에
저토록 붉게 물들어
활짝 웃는 동백꽃인가

밤이 다하여도
못다 한 사랑이던가
잡은 손 뿌리치고
후둑후둑 떨어져서도
떨어져 뒹구는
서러운 꽃잎이어도
차라리 웃고 있는 동백꽃.

겨울을 위한 소설 외 1편
―입동 무렵

권 영 춘

북방으로부터 그와 함께 떠나온 기러기 떼는
그가 오고 있다는
전갈傳喝을 물어 왔다

아버지 직오織烏*와
어머니 상아嬬娥* 사이에서
스물넷의 형제들과
한 해에 태어난 그들은
어려서부터 자주 싸워
부모의 속을 무던히 썩였다
그런 그가
보름 전부터 탱자나무 가시발로
집 주변을 슬금슬금 엿보더니
어젯밤에는
길 건너 청무우 밭에 시린 발자국을 남겼다
결국 집밖으로 쫓겨난 그는
이곳저곳을 방황하며 난장亂場을 치다가
텃밭의 푸성귀들을
사정없이 해뜨려 놓고 말았다

식구들은
그가 언제 또 말썽을 부릴지 몰라
바리바리 김장을 담가 놓고 문을 열어 보지도 않았다

미운 자식에게 떡 하나 더 준다고 했던가
부모님은 가끔 흰떡방아를 찧느라 바쁘다
보름 동안 공연되는
연극의 주인공을 맡은 그가
공연을 끝내고 휘장 안으로 조용히 사라지면
거리의 상점들은 하나 둘씩 캐럴을 준비한다

마당 한 귀퉁이
오동나무 가지 위에 자리를 잡은
소설小雪은

기나긴 겨울 동안 '하얀 낭만'에 대한
장편 소설小說을 쓴다.

※ 직오: 태양의 별칭
※ 상아: 달의 별칭

눈물 그 성스러운 존재에 대하여

짭조름한
바닷물의 엉김보다도
더 순수한
당신의
성스러운 알몸을 어쩌다가
여인으로부터 훔쳐보았습니다

별빛마저
사그라진 밤이 가고
아침이 밝아 올 때
나의
초라한 모습을 스쳐 지나 기어이
떠나 버린
당신의 아련한 형체들

깊고
깊은 영혼들이
조붓한 가슴속에서
소리 없이 몸부림을 칠 때마다
세월은
한 켜씩의 주름으로 싸여 가고
이제는
무지개의 한 조각이 되어
하얀 달빛으로 다가오는 당신

곱고도 고운
마지막 슬픔으로 남은
작은 한 알씩의
영롱한 수정들이여
에비앙Evian※ 샘물의
순수보다도 더 맑은
숨결 속에서 흘러나와
마지막으로
살아 숨 쉬는 생명의 열매들이여

당신은 위대한 신이
온갖 정성을 다하여
인간에게 준
마지막 선물.

※프랑스에서 가장 유명한 물(음수飮水)

억새풀, 당신은 외 1편

권│영│호

바람 따라
가을이 지나는 길섶을
잠 설치며
뒤흔들던 은백의
질긴 목숨
그 먼 길에 무사할까?

빈 들을 위해
빚은 것을 돌려주며
살아온 순종의 세월
약한 바람결에도
삭여야만 했던 고뇌
머리 풀어
길게 울음 삼키나

찬 서리 맞아 가며 늘어놓을
가슴에 있는 말
한 자락 햇살 끌어안고
속살에 내려질
사랑으로 기다린다

세면 부러지고
여리면 잠시 휘어지는
이삭 풀의

세상 사는 이치
발가벗은 몸 비비며
어느 하늘 아래서도
늘 그렇게 살았다.

떠나가기

버린 자만의 만나는 고독이
하얀 나래 새를 따라
겨울 숲으로
들어가고 있습니다

우리들의 삶은
낙엽처럼 줍는 것이 아님을
한 줄기 스쳐 가는
소나기를 맞는 것은 더욱 아님을

무리 지어 우는 울음보다
혼자 우는 울음이 크기에
떠날 수 있을 때
떠나야 합니다

은밀한 그리움은
자신만의 자유 지대에
간직하는 법
잘못된 열정도
사랑의 일부라면
가 본 적이 없어도
낯설지 않은 곳
그런 곳으로 떠나렵니다.

숲길을 걸으면서 외 1편

권 오 견

걷던 숲길 멈추고
풀섶에 매달린 이슬 한 방울
그 앞에 마주 서본다

매달린 게 아니라
우주를 매달고도 가볍다 못해
제 스스로 바람결에 흔들린다

저리도 투명한 속마음
환한 빛이 넘치면서
세상을 적신다 내 옷자락을 적신다

때 묻은 내 생애의 무게를 덜어내는
이슬 한 방울
내 몸 구석구석을 헹구어 낸다.

지하철

한강을 축으로 돌고 있는
지하철 2호선
삼십 년 넘게 타고 다닌다
뒤돌아보면
수없이 빗나간 내 생의 궤적
흔들리는 나의 자전이지만
마음의 중심을 잡고
잠시 동안이라도 명상에 잠길 때
퇴근길 고단한 사람들에게
나도 모르는 사이
연약한 어깨마저 빌려 준다
일월이 지켜보는 하늘 아래
부끄럼 없는 흔적 남기고
저세상으로 떠난 이 다음
가슴 찡한 말 한마디 남기고 싶다
둥글게 둥글게 살았노라고
내 생애 쉼 없이 실어 나르는 2호선
차창 밖 강줄기를 내다보면
실의에 지쳐 가라앉은 내 몸
어느새 푸르게 젖어 든다
내 안으로 출렁거린 땟국물도
말끔하게 가셔진다
동행하는 많은 사람들
서로가 톱니처럼 맞물려도

아무 일 없다는 듯
싱그럽게 피어오르는 사람들
나의 자전과 함께
한강을 축으로 돌고 있는
지하철 2호선
날마다 새롭게 태어나는 나를
실어 나른다.

첫눈 외 1편

권|혁|모

1.
첫눈은 하늘에서 오는 것이 아니란다
눈망울 속 고인 사랑이 홀씨로 떠다니다
연둣빛 당신 가슴으로
뛰어내리는 거란다

첫눈은 겨울에만 오는 것이 아니란다
해종일 반짝이다 소등한 자작나무 숲
목이 긴
기다림 끝에
등불 들고 오는 거란다.

2.
금모래 긴 강변길
손잡고 걷던 첫눈아
헤매고 헤매어서
마주치는 바람 속에서
산목련
새하얀 날들이
흔들리며 내려온다.

한지창

햇살끼리 모여 앉아 정겨워라 장지 밖
가만 보면 문이 아니네 인동꽃 피는 시절
그림자 흐린 불빛도 어디 보일 것 같다

별은 대책도 없이 감꽃으로 지는 뒤란
노랑 꽃창포 눈웃음이며 떨리는 숨결까지
초롱 등 창가에 기대면 들릴 것도 같다

펼쳐서 풀질하고 황국 곱게 앉혀 두면
시린 관절 마디마디 문풍지로 우는 겨울
톡 톡 톡 두드리는 봄 누가 올 것만 같다.

괜찮아 외 1편

금 동 건

유년기 영양실조 불치병으로
못 배운 청춘의 꿈
이루지 못하였으나
지금은 건강한 육신
건강한 정신으로
최고의 직업에 시인이 되어
사람들의 존경을 받고 있잖아
실타래 얼킨 올 풀리듯
술술 잘 풀릴 거야
푸시킨 형도 누리지 못한
행복 다 누리고 있잖아

금동건 괜찮아 희망이 있어.

고향에는 엄마가 계셨다

힘들거나 지치고 아플 때
서슴없이 찾던 엄마의 젖가슴
엄마 손이 약손이다
어서 낫게 해주세요
잡귀야 물러가거라
정겹고 그리운 엄마의 주문
고향에는 엄마가 계셨다
젖 냄새 살냄새 된장찌개 냄새가
봇물 터지듯 흐르는 그리움의 엄마
엄마는 이제 고향에 계시지 않는다
팔십여 년 버티어 온 세월의 무게에
모든 것을 포기한 채 여덟 살 아가로
요양병원에서 첫 소풍을 가려 하신다.

팬데믹의 시간 외 1편

기 청

유폐된 파라오의 무덤
그날 빛나던 황금의 시간
다 어디로 가고

비바람에 깎인 피라미드 위
선명한 레이저의
가슴 서늘한 푸른색 글귀

─집에 머물라 안전히 머물라 우리를
지켜주는 이들에게 감사를,

출입금지 구역 너머
어슬렁거리는 외로운 들개
어른어른 오버랩 되는 것은
우리 부끄러운
문명의 자화상自畵像

─모이지 마라
만나지 마라 거리를 유지하고
가급적 멀리 떨어져라
밖에 얼씬거리지 말고
결혼식장에도 사랑하는 가족

장례식에도 가지 말고

분노의, 솟구치는 눈물까지
안으로 삼키고
가라앉은 침묵의 시간
그리고 묵상하라

너의 탐욕, 얼마나 큰 산인지
너의 집착, 얼마나 깊은 강물인지
너의 분노, 얼마나 타오르는 불덩이인지
그대 윤리적인 삶은
얼마나 인색하고 창피한 것인지

깊은 내면에서 울려오는
목소리에 귀 기울이며
순서를 기다려라
언젠가 너의 차례가 올 것이니.

장미와 살구

살구는 장미과라네
살구나무 속에 장미가 살고
장미, 그 열정熱情의 품속에
살구, 고요의 명상冥想이 살듯

대나무가 벼과 이듯
벼 속에 대나무가 산다니
대나무 꼿꼿한 저 바람 속
무논에 허리 굽은
백의白衣의 농부들
구슬픈 소리도 산다

큰 산이 작은 산을 품듯
서로가 서로를 품지 못하고
형형색색形形色色 무리지어
등 돌리고 사는 우리

어울려 서로 얼싸안은
저 들을 보라
살구나무 속 환한 장미가 살듯
패랭이꽃 무리 속 꽃다지가
쑥부쟁이 옆에 눈부신 구절초

서로 어울려
아옹다옹 살아가듯.

파도 외 1편

김 관 식

해안가 방파제 일식집
바람은 주방장과 함께 살고 있었다
주방장은 틈틈이 날마다 칼을 갈았다

방파제 테트라포드에다
무딘 칼날을 쓰윽 문질러 댔다

도마 위에 팔딱거리는
바다의 내장을 도려냈다
바다는 있는 힘을 다해
꼬리지느러미를 파닥거렸다
마침내 내장이 와르르 쏟아졌다
핏방울이 솟구쳐 사방으로 튀겼다

뼈에 붙은 속살을 발라냈다
방파제 벽면에 달라붙은 따개비, 굴 등이
앙상한 정체를 드러내자
살점이 뚝 떨어져 내렸다

바다의 시퍼런 몸뚱이가
하얀 속살을 내보이며 꿈틀거렸다

비릿한 갯냄새가
물큰 코를 찔렀다

주방장은 익숙한 손놀림으로
칼날을 옆으로 뉘어
바다의 껍질을 벗겨냈다.

주꾸미

한 해가 지나면 걱정만 늘어났다
껑충 뛰는 전세금 발이 통통 붓도록 먹물 뿜어 댔지만
되돌아오는 빈 메아리
바다는 넓지만 편히 쉴 집 한 채 없는 여전히 떠돌이였다
해마다 주름살만 늘어 갔고 흰 머리카락 일어섰다
청약저축보다 늘 앞서가는 전세 보증금 대출금
내 집 마련 꿈은 쭈뼛쭈뼛 언제나 먹물이었다
먹물을 품고 살아왔지만 시커먼 먹물을 감추고
들이 내민 거대기업 아파트 분양 소식
줄지어 늘어선 소라 껍데기 모델하우스
이게 꿈이러니 소라 껍데기 속에 앉아 보았다
"송충이는 솔잎을 먹고 살아야 하는 법이여"
어머니 말씀이 생각났지만
아늑한 보금자리 환상에 마음 독하게 먹고
소라 껍데기 모델하우스 청약 신청
덫에 걸려 아차 하는 순간 물 밖의 세상으로 끌려왔다
이제 보금자리의 꿈은 목숨과 맞바꿨다
"잡혔다, 먹물 숨기는 이놈들"
마지막 순간 온 힘을 다해 먹물을 토해냈지만
먹물쯤이야 당연하게 받아들이는 먹물도 통하지 않는
먹통 같은 함정에 그만 걸려 들고 말았다
빈 소라 껍데기는 바다 밑 무덤이었다.

고향 풍경 외 1편

김근숙

옛날 호랑이 사람 업어 주던 시절
전설 속의 장자늪은
천년 침묵으로 거기에 있고

마주 보는 언덕 위의 작은 예배당
어머니의 눈물 기도
아직도 그 흔적 남아 있을까

풀각시 예쁘게 머리 빗겨
따스한 흙담 벽에 기대 재우고 하늘을 보면
어지러이 춤을 추던 꼬리 연 하나

솔방울 떨어지는 소리에 겨울이 깊어 가면
밤마다 달라지던 할머니의 옛이야기는
우는 문풍지 몇 바퀴 돌아오고

늪이 갈라지는 산울림 소리 무서워
파고들던 솜이불의 온기

아련한 그리움으로 그려지는 고향 풍경이다
이 밤도 녹색을 많이 칠한
퇴색한 화폭으로 나를 감싼다.

자식 사랑

잴 수 없는 사랑의 길이로
달 수 없는 사랑의 무게로
그릴 수 없는 사랑의 모습으로
웃으며 마주 서는
넘치는 선물이여.

오늘을 충실하게 외 1편

김기순

오늘 이 순간이
가장 행복한 것이니
이미 떠난 것들에
연연해 말자
아무리 찬란한
과거일지라도
오늘보다야 낫겠는가
지나간 건 그리움으로
두고 두고 움튼다
힘들 때는
치유의 약이 되고
인생의 길라잡이가
되어 줄 터이니
오늘을
충실히 살아가자.

마지막 선물

임종 직전, 의식이
가물가물한
남편의 귀에 대고
여보! 사랑해요
당신을 얼마나
사랑했는지 알지요?

내가 주는 마지막
고백이자 선물이었다

알아들었으면
눈 좀 떠봐요
내 말이 끝나기도 전에
눈을 번쩍 뜬다
그리고 눈가에
이슬이 맺힌다.

매화 축제 외 1편

김 낙 연

굽이굽이 섬진강 물결
뉘의 인생길 같아
잠시 머물러 시선을 띄우네

흘러감은 구름이요
스침은 바람이니
막지 못함은 덧없는 세월이라

여기가 피안彼岸인가
앞서 온 선남선녀들을 맞아
플로라Flora*가 베푼 꽃의 축제라

봄의 향연에 저마다 주빈인 양
매화 향기에 취해
너울너울 흥에 젖은 꽃나비로구나

매화주 한 잔에 밟아 온 세월 돌아보니
그 애잔한 추억에 눈이 감겨
꽃향기조차 가슴에 담지 못하네.

※플로라: 고대 로마 신화에 꽃의 여신女神

석류石榴

연緣 없어 꽃이 지니
청상 여인의 슬픔
봄바람에 사르르 끓어올라

거울 앞에 앉아
옥비녀 쪽진 머리
섬섬옥수로 매만진들 무엇하리

자규子規의 울음에 밤은 깊은데
봉황이불 뒤집어쓰고
밤새워 눈물로 지샌들 어이하랴

애통하여라 그 한恨
안으로 파고들어 밑바닥까지
애끓는 가슴 태운들 사그라지랴

수심에 찔려 선혈 방울방울
가슴에 고여 밤새 내연內燃하더니
빨간 사리舍利만 남겼구나.

아침 이슬 외 1편

김 | 남 | 구 |

잠시 머물다
홀연히 떠날 너
어쩌면 그렇게
해맑은 영혼으로
세상을 품었느냐

지새우던 간밤의
온갖 사념 씻으려
동東으로 동東으로
아침 윤슬을 찾아
태양 속을 내닫는 너
초로草露의 삶이라는
괜한 꿈길을 접고

오늘 아침
풀잎에 머무는
찰나의 황홀함이 영원이어라.

어머님의 기일忌日

하늘의 부름 받으신 지
십년 하고 다섯 해
그날 아침
오봉리 선산先山에 오르시는
소복素服한 님의 뒤 형상에
흔들리는 맥박이다

찬바람 무겁게 득실대던
허기진 벌판에서
맹물 끓어오르는 솥뚜껑의 요동
가슴 설레는 웃음 서리서리 익히시더니
오늘 가득한 뒤주엔
부르튼 님의 손길을 타고 오는
사랑의 유도 전류가 살아 있건만

가시던 날 외로운 침상에서
엷은 입술에 하얀 핏물 녹이시고
이내 소천召天에 응하신 님은
무언용사의 율법으로
오늘 자식의 심장엔
이토록 매운재로 쌓인다

먼 산길 오르시는 뒷모습
새벽의 강물처럼 일렁이는데

님의 장손으로부터
결코 망실忘失할 수 없는
섣달 열흘 날 아침을 타고 온
핸드폰의 울음소리에
가슴은 한없이 떨고 있었다.

멀리 돌아왔습니다 외 1편

김동배

무엇이 무엇인지 모르고
그 많은 날을
느낌 없이 보내 버리고
한동안 생각을 모아
뒤돌아보며 웃는다

다시 그날들이
앞에 서 있어도
그때처럼
무엇이 무엇인지 모르는
실수는 그런 실수는
없을 것 같다 지금은

다시 태어난 것처럼
후회와 후회를
돌려보지만
그 무엇도 대신해 주지 않는
그때를 때려 주고 싶다

이제
또 그런 무엇을
생각하지 않는
지금에 만족하는 그래서
최선의 삶을 만나리라.

촛불이 바람과 싸우던
그날 바람은 불지 않았다

오늘도
예상했던 대로
소리가 들린다 꽝꽝
변함없던 그때처럼

애써 우겨 보지만
애써 막아 버린 바람
그래도 해야지
꼭 해야지 무엇을?

엉크러진 머리에
눈은 움푹 배고프고
꼬르륵 꼬르륵
그래도 촛불은
꺼지지 않았다

항시 불던 바람은
무슨 바쁜 일이 있어
오늘은 보이지 않는다
이럴 때도 있어야지
그래서 촛불은 있다.

복날 외 1편

김 두 철

서늘하게 날카로운 달빛이
구름 뒤로 자취를 감춘 어느 날

거리에 기어 다니던 개새끼는
자신의 존재를 찾지 못해
방황하는 개새끼를 피해 기어간다

그대들의 날인 복날이 다가온다
개새끼들은 서로 죽여 가며
동족 간의 살인을 저지른다
약육강식이라는 거창한 단어를
무기로 사용하며 합리화시켜 나간다

개새끼는 개새끼라는 것을 부정하기 위해
오늘도 한결같이 게걸스럽게 지껄이고 있다.

샐러리맨의 비애

수많은 거지들 속에서 아무런 생각 없이
누더기를 걸치고 세상에 나가
구걸을 하리라
누더기보다 더 더러운 세상에 나가 구걸을 하고
그 더러운 세상과 교감을 나누리라
훗날 더러운 세상은 죽어 가면서
혼란을 잉태했다
그러나 내가 있던 자리에는
내가 아닌 다른 이가
누더기 없이 구걸을 하고 있었다.

바람의 자리 외 1편

김 봉 겸

세상을 휩쓸던 바람이
산으로 올라
모였다

넘어뜨리던 바람
날아오르던 바람
바람 바람들

그들이 산에 누워
사단칠정四端七情이 다들
잠을 잔다.

불행한 이유

인생이 불행하다는 그대
세상에 태어나서 행복한 날이 없었다는 그대
불행하지 않다는 이들을 도무지 이해할 수 없다는 그대
그렇게도 불행하다는 그대라면
불행하지 않다는 이들에게 불행한 이유를 대봐라
그래서 그들을 설득시킬 수 없다면
그대는 다만 불행하다는 착각에 빠져 있는 것이다.

빗자루 외 1편

김 부 치

산골에서
들녘에서
빌딩 정원에서
쓴맛 단맛 다 쓸고
세상 먼지는 못 쓸었으니

손발톱 닳아지도록
쓸어도
돈의 노예가 되더라

뜰 안을 쓸면
안방마님 치맛자락 흩날리어
자루에 담을 수 없더라

내 안에 쓰레기
쓸어낼 수 있다면
몽당빗자루 평생 직업이더라

거꾸로 세워 보니
붉은 수수꽃 피어
더욱 아름답더라.

공동 빨래터

우리 민족의
공동생활이 시작된 공간
모이면 수다 떨다 뭉치며
기쁜 일도 나쁜 일도
삶을 꿰매가는 빨래터

방망이가 춤을 추면
아픔을 씻어 내는 물소리
더 아파야
거품이 구름처럼 일어나
아낙네의 자존심을 지켜준 빨래터

시어머니의 험담
시누이 고자질
돈만 뜯어가는 아들
거짓을 밥 먹던 딸
시어머니 편드는 서방님

힘 다해
두들겨도 두들겨도 불화는 빠지지 않고
더욱 뻣뻣해지는 빨래
힘들 때 아파 주고 위로해 주던 빨래터

건조되는 세탁기에

기죽지 않던 방망이 소리
우리 할머니 어머니의
고난을 다스렸던 위대한 빨래터

그 많은 사연을
두들기고 주물러 비틀고 헹구어
하얀 마음 담는 빨래터.

천의 어머니 외 1편

김 사 달

천의 어머니가
천의 자식을 키운다

천의 어머니 중 오직 하나 나의 어머니가
천의 아들 중 오직 나 하나를 품으셨다
마를세라
추질세라
품앗이 방까지 가슴을 내주시며
천 중에 하나인 나를 천금같이 키우셨다

갓 없는 벌판인 줄만 알고
덤벙거리며 뛰놀다가
어느 날 갑자기 안겨 들 품이 없어
사방팔방 돌아봐도
천의 어머니 중 내 어머닌 없었네

새 무릎도 더러는 빌려 왔지만
차갑고 딱딱하여 오래 가지 못하고
음메 음메 울면서 고샅길을 헤매다가
이마에 뿔이 솟고 꼬리가 길어지면서

어머니는 천의 어머니
자식도 천의 자식
내 마음 그저 천의 자식으로 회색 방울이 지네.

존엄의 실체

풀벌레 울음에 바르르 떠는 그대 거처는
사통팔달의 요람이었다
귀하신 몸, 언제나 방관자인 척 하지만
일촉즉발의 포획을 꿈꾸며
너의 모세 신경은 지상의 가장
후미진 곳까지도 광속으로 이어져 있다
죽음을 가장한 존엄의 실체여
아무도 너의 수작을 탓하지 않고
감탄의 연속인 것은
우주 안에 공존하는 생명이기에
신출귀몰한 흡인법을 흠모하는 나로서는
엄청난 그 오라의 출처를 찾아 나서고 싶다
처마 끝에서 라일락까지의 적소에 둔 생존의 그물망에
난 다시 한 번 숨죽이며 드높은 너의 지혜를 찬양한다
부전나비의 체중을 아는
예리한 촉기는 별에게서 받은 것이려니
너의 궁전은 별과 함께 영원하리라
한 치의 발 앞도 가늠하기 어려운
나에 대한 끝없는 의문부호를
너는 곡예의 줄 끝에 영롱히도 걸고 있다.

강화도 대곡평야 외 1편

김｜서｜연

이천 정규택 시인 부평의 이순온 시인
고양시 김서연 시인 화곡동 김정희 시인
집합장소 부평역 목적지 강화도 대곡리

대곡리 입구에서
신분증을 제시하고
흰 승용차가 정규택 시인이
잠시 머문 곳 진흙뻘에 발 담그고
자비를 이고 앉은 만개한 연꽃

내달려 머문 곳
강화도 대곡리 초록빛 농촌 풍경
대곡평야 직선의 논둑길
논두렁에 옥수수 밭이 이색적이다
빈 땅 없이 가꾸어진 서리태콩가지
농부의 땀방울이 숨쉬고 있다

고즈넉한 산자락엔
빨간 모자 눌러쓴 농촌 마을
대곡평야 품에 안고
풍년가를 불러 본다.

불나비 사랑

불덩이 속
TV를 통해 코로나 사태를 지켜보며
긴장을 풀었다 조였다
살인적인 폭염
무엇에든 집중하지 못하는 불안정한 일상
위험을 신호하는 적색 불 가슴이 뜨겁다

그럼에도 애착의 한곳
우편함, 혹여
어느 문학지가 왔으려나!
손에 들려진 묵직함
한국시인연대 사화집
2020년 241인의 시가 수록된
『한강의 미학』… 반갑다

불나비 사랑
이 더위를 뚫고 날아온
고귀한 시인의 숨결
손녀의 얼굴을 만지듯
품격의 표지를 어루며 반긴다.

잡초, 잡초여 외 1편

김석태

잡놈들 사는 세상에 사느니 보다
잡초들 무성한 산야서 살고 싶어
인적이 드문 곳에 자리를 잡았네

어느 누가 쓸모없는 잡초라 했나
봄이면 이름 모를 꽃들 피고 지고
여름 뙤약볕 소나기 꾹 참으면서

흙이 씻겨 내려가지 않게 막으며
바람에 먼지 일지 않게 하는구려
꽃은 꽃, 잡초는 잡초 옷 걸치고
자신만의 뜻 깊은 삶 살아가누나

가을 풀벌레 음악 공연장 만들고
새들 알 품도록 보금자리 마련한
네 주검 위 겨울 눈꽃 아름다워라

죽으면서도 악쓰는 목숨들이지만
창고 알곡, 불탄 가라지 비웃어도
베이고 잘리면서 짙은 향 내뿜네.

법의 이름으로 소천한 투사들 위해

욕망에 굶주린 법의 이름 하의 괴물
입 크게 벌려 꽉 물고 입 꾹 닫았네
입 쫙 벌리게 하는 건 문 힘이 관건

독선 오만의 이즘, 반항의 원인 행위
이후 돈 권력이면 반항의 씨앗이겠지
정의의 힘이면 진실이 열게 했겠지요

흑색 법복 속의 붉은 심장은 뛰었지만,
물어 버린 법의 입, 활짝 열기 위해서
무덤 속 동포애의 외침만 외로웠었지.

사마귀 외 1편

김 선 국

커다란 집게발은 식육의 상징인가
백년해로 기념하는 위풍당당한 이 인연
대게가 영감만 남아 외롬 타지 마시라고

감히 마나님이 쓸개마저 입 다시고,
어여쁜 고등동물로 화해 삶의 물결
찡하게 가슴 찡하게 내리내리 물리려나.

앵두

무명 망울 조여 대는 꽃샘바람 등 넘어도,
상모 돌린 삶의 상징 새삼 맞는 어질머리
꺼질 듯 자꾸 피네 갓 쓴 불씨 앉은 촛대.

연꽃 외 1편

김│선│옥│

일월의 세월 앞에
천사로 잉태하여

쪽빛 하늘 우러르며
장대비에 이슬 굴려

오롯이
품어 온 향기
온 누리에 채워 간다

쌓인 일월 자국마다
빛살마다 안기면서

어둠을 씻어내며
천년 미소 짓고 있네

한없이
청순한 자태로
침묵하는 천기天機여.

무궁화

무궁화 꽃이 피네 방방곡곡 꽃이 피네
보라 향수 은은하게 고운 살 속 숨소린가
가만히 마음 달래면 어머니의 사랑 얘기

하늘 한쪽 베어 물고 무한량의 파도 소리
더러는 끈기 있게 불러보는 메아리여
한핏줄 설레는 마음 어머니의 정든 품속

뉘 보란 듯 얽힌 밧줄 깃을 펴서 매듭 풀고
뻐꾸기 울음 같은 인고의 세월 누벼
깊은 얼 감도는 염원 어머니의 일편단심

구름 바람 더불어 온 누리 지킴이여
영적인 울림으로 숨결 틀어 담아내는
영원한 싱그런 미소 아름다운 무궁화여.

바람이 울면 피는 꽃 외 1편

김성일

오래된 앨범 속에
내 눈빛을 먹고사는
사진 한 장
목련꽃 활짝 핀 꽃밭
그 중심에서 목련꽃처럼
아름다운 여인 웃고 서 있다
한겨울에도 꽃밭에서
내 눈길을 밟고
수줍은 꽃이 걸어 나온다
그 발자국 더듬어 간들
어찌 그곳에 닿을까만
내 각막을 그리워하는
꽃 속에 꽃이 있어
눈물 속에 피어나는 꽃이여.

푸른 산을 오르며

내 생의 한켠에 서 있는 너
언제나 가슴 열려 있어 더듬어 오르면
내 눈을 휘휘 저어 끌고 다닌다
내 지쳐 너의 가슴 베고 누우면
지나가는 산 문둥이들도 반갑구나
욕정을 인내하며 말없이 누운
너의 따뜻한 옷섶에 싸여
나는 일상을 잊어버리고 누워 있다
그러나 나의 단꿈 깨우려는
아리랑의 음률을 응얼거리네
아름다운 너의 콧등에 피 흘리며
박해하는 모든 것들이
너의 몸을 짓밟고 지나간 질곡 속에서
하늘의 눈물 기다리며
가냘픈 숨소리를 듣는다
초록빛으로 장엄한 성 앞에서
황홀경을 느끼며 처연히 쓰러진다.

바람의 섬에서 외 1편

김 순 희

넓은 바다에 홀로 떠 있는 바위섬
미역 따는 해녀는 단 두 사람
기념물처럼 남고

나이테는 칠십을 그렸어도
깊은 바닷속에선 청춘 되는
등 굽은 여서도島 바다 여인

거친 파도 회한 잊은 채
갈퀴 하나 들고
바다에 뛰어들면
미역 줄기들 손 흔들며 반긴다

여서도
바람은 변덕 심해도
언제나 허물없는 어머니 가슴.

앰뷸런스가 운다

앞뒤 꽉 막힌 터널 안
길 비켜라
앰뷸런스 사이렌 다급하게 울어댄다

차를 작게 접어서라도
지붕 위로 뛰어서라도
앰뷸런스 어서 달려가야 할 텐데
승용차 대신 온몸 움츠리고 기도한다

의식 없는 환자는
지금 어디를 헤매고 있을까
아득한 벼랑일까
시커먼 동굴 속일까

한목숨 남은 밧줄 붙잡고
숨넘어가라 울어대는 사이렌 소리
터널 벽까지 나서서 울어댄다.

바다의 꿈 외 1편

김승범

바다는 드넓은 대륙을 향해
성난 파도를 온몸으로 밀어 올린다
더 높이, 더 멀리
정상에 오르고 싶은 바다의 꿈
뜻을 세워도 바다는 촌티를 벗을 수 없어
바람결에 수많은 파편을 날려 보낸다
태양이 이글거리는 여름에도
눈보라 휘날리는 겨울 가운데서도
큰 산을 향하여 대해를 박차고 일어선다
머리 풀어 서걱이는 도도한 파도의 물결
하나의 꿈을 향하여 망망대해를 누빈다
파도가 춤을 추면 우주에 황금 꽃 핀다.

가파도 연가

한라 영산을 등에 업은 가파도
구름은 어디에서 나서 어디로 가는가
가파도를 끼고 도는 파도의 춤사위
섬과 섬 사이 인연과 사연을 덮어 둔다
빌려 갔으면 당연히 갚아야지
내 마음을 빌려 가고 갚지 않는가
눈물 없이 오는 건 사랑이 아니리라
쓰린 가슴 시퍼런 파도를 달래면
후엔 만남을 기약할 만도 한데
찬바람 불어 자맥질이 힘겨운 날엔
숨비소리 장단에 수천만 물고랑이 인다
덧없이 몰려오는 외로움은 섬 기슭에 닿아
어린 생을 밀어내고 순수의 넋을 위로한다
삶이 바빠지고 각박해질수록
인정은 바람이 할퀸 섬의 소리를 듣는다
태 사른 고향의 흙냄새
사람의 마음을 편안하게 해주는
울고 웃는 날들의 물결이여
기다리는 건 섬을 덮으며 내리는 소나기처럼
용천수로 솟아나는 위안의 시심이다.

바람의 시 외 1편

김│연│하

대지 위 부는 바람은 방랑 시인

대나무 숲을 지나가며
고요에 얽혔던 하늘의 적막을 깨는 듯
멋과 풍요를 함유한 아름다운 소리로
볼을 비비듯 스치며 시를 읊조린다

때로는 소프라노 음색을 지닌
암벽을 지나는 빠르고 강한 기교로
훗날 마주할 기약 없이 초조감을 감추지 못하며
경쾌하게 시詩 노래를 부르며 떠난다

비자 없이도 천하를 여기저기
주유周遊하고 장기 체류하거나 입주한 적이 없는
산과 들을 기숙사로 여기며
이름표처럼 떠다니는 바람이듯

후미진 곳 닫힌 문을 두드리며
목이 쉬도록 진한 울음으로 시를 읊조리며
강 언덕 미끄러지듯 타는 노을을 마시며
파도를 타고 흔적 없이 강 건너가는가.

저녁 바다

찬란한 석양 아래
바다를 헤집고 달려온 파도는
갈대밭 이랑에서 빛이 바랜 채
살며시 하늘을 바라본다

금세 바다는 적막에 쌓이고
밤새도록 수평선에 넘실넘실 오르내려
숨결을 고르며 암벽에 기어올라
하얗게 부서져 내린다

지옥처럼 어두운 저녁 바다에는
바람이 불어와 비릿한 냄새를 벗기며
파도가 출렁이고 별빛이 깊어져
가슴 안고 조용히 반짝이는데

그리움으로 잉태된 영혼
즐거움도 상처도 무채색으로 흐려지고
한세월 시린 무릎 감싸 안으며
굳세게 살아가려는 꿈을 꾸게 한다.

오월의 수채화 외 1편

김│영│옥│

오월의 녹음이 영흥도 꾸지나무 농원에 밀물처럼 밀려온다
숲의 심장 뛰는 소리가 섬을 들썩이게 한다
한차례 비가 지나간 후 나무들은 파란 근육질을 자랑하고
철쭉, 장미, 때죽나무 꽃, 백리향, 제라늄, 찔레, 사랑초들은
붉은 잇몸을 드러내며 벙글벙글 웃고 있다
사방으로 출렁이는 봄햇살에 농익은 바람이
한참을 꽃과 뒤척이며 놀다가 먼 길을 떠난다
사람도 꽃밭 위에 누우면 모두가 한송이 꽃이 된다

풀씨들을 깃털에 담고 길을 내며 노래하는 새들
신나게 큰길까지 갔다가 마지막 점을 찍고 우르르 되돌아온다
나른한 향수에 젖은 마을은 새들의 기척에 귀를 쫑긋 세운다
농원과 마주한 면사무소의 확성기에선 주님의 위대하심을
찬양하는 찬송이 금방 쏟아질 것 같다
농원 아래 펼쳐진 풀물로 깊어진 바다는
하늘에 둥실 떠 있는 뭉게구름의 옷자락을 움켜쥐고 있다

캔버스 위로 맑고 순결한 오월의 수채화가
연둣빛 물감을 뚝뚝 흘리며 채색되어 가고 있다.

파산破産

  남편은 자기 이름과 내 이름이 새겨진 멋진 뿔 도장 한쌍을 선물했다
  재산가의 인감증명서에나 어울릴 것 같은 용이 새겨진 진한 밤색의 중후한 몸매
  그들은 하릴없이 서랍 속에서 한동안 흐르는 시간을 품고 뒹굴고 있었다
  어느 날 남편은
  자기의 뿔 도장에 진득하고 새빨간 입맞춤의 흔적을 묻힌 채 돌아왔다
  한 번의 외출은 돌이킬 수 없는 슬로그 펀치가 되어 날아왔다
  단번에 아파트가 날아가고 순직한 공무원의 자존심은 산산조각이 나 버렸다

  높은 구두 대신 운동화 끈을 단단히 맨 나의 초라한 발
  그를 수소문한다고 심각한 외출이 시작되었다
  동대문을 가운데 앉히고 나는 술래가 되어 아마 백 바퀴는 돌았을게다
  여름의 뜨거운 열기는 화구에서 녹아 흐르는 금속처럼 나의 생을 맘껏 구부리기도 하고 자르기도 하였다
  보물 1호인 동대문이 지옥문처럼 보이던 그날의 악몽은 지금도 문신처럼 남아 있다

  이제는 뿔 도장을 바라보며 회한에 젖어 본다
  파랑 같은 날들을 겪고 이제는 세파에 순응할 줄 아는 순한

짐승의 뿔
  호호 입김을 불어서 온 힘을 다해 꾹 누르면
  한쪽으로 비틀어진 입과 흰자위만 남은 흉측한 눈을 가진 남편이 지팡이를 짚고 비틀비틀 걸어 나오는 것이다

  일그러진 모습으로.

인생의 겨울 외 1편

김│용│길

인생의 겨울은 우리를 잠들게 하시어
육의 肉衣를 벗고 주님께 오라는 계절이다
오는 날 또 가는 날도 정해진 주님의 뜻.

풀끝에 이슬처럼 순간에 떨어지는 인생
잠깐 보이다가 없어지는 안개 같은 인생
짧은 날(세상) 왔다 가는 길에 주님 뵙고 갑시다.

내가 죽는 것이 사는 것보다 나은 것은
내 안에 부활의 주님이 살아 계심이라
인생의 겨울이 와도 곧 천국의 봄을 맞으리.

생명의 품으로 오라 주님 부르시는데
향락에 사로잡혀 살았어도 죽은 사람
나락에 떨어졌으니 누가 그를 건지리.

무소부재無所不在 하신 하나님

홀어머님 계신 방 훈훈케 해 드리려고
땔감을 찾느라 눈 덮인 산 헤매도는데
주님은 지게 넘치게 삭정이도 주시네요.

폭풍으로 바다 속속 뒤집어 새롭게 하심은
생생한 물고기 선물 밥상 위에 주시려고
주님은 바닷속에도 계시니 신묘불측.

갈라진 밭 거북등 목 말라 애처러운 산천에
단비를 내리시는 주님 한결같으시어
뽕나무 밭이 바다가 돼도 불변하신 주님.

느부갓네살 왕이 세워 놓은 금신상에
절하지 않은 사드락, 메삭, 아벤느고를
풀무불 속에서 구원하신 주님 불 속에도 계십니다.

마음이 예뻐지는 가을 외 1편

김 | 용 | 호

얼굴에 달라붙는 햇살이 따뜻해서 좋습니다
가을 하늘에 뜬 흰 구름을 바라만 봐도 좋습니다
옷깃을 스치는 가을 바람도 싫지 않아 좋습니다

설명으로 참 곤란한 크나큰 시련들 때문에
매실매실한 내 심상이,
이렇게 내 마음을 예뻐지게 해서,
내 마음은 아름다운 붉은 단풍의 색깔이 됩니다

이렇게 마음이 예뻐지는 가을날,
서러운 마음들이 잊혀져서 좋습니다
꾸겨진 마음이 활짝 펴져서 좋습니다
볼때기에 가을 냄새가 스쳐 가을이 정겨워 좋습니다.

가을 속에

가을 속에
공중 같은 내 마음은 느닷없이
누구랑 고운 인연을 맺고 싶어집니다

두리번거리는 가을 햇빛 사이
내게 누구랑 같이라는 소중함이
정답게 머물렀으면 좋겠습니다

무리 지어 웃는 코스모스꽃처럼
누구랑 즐거워서 부드러운 붉은 입술 모아
히죽히죽 웃어 보고 싶습니다.

아내 옷 외 1편

김 우 식

당신 떠난 후
유난히도
하루 걸러 비가 왔소

당신과 자주 가던
도암산장 나무 기둥에도
곰팡이가 피었소

햇빛 있는 오늘
밖에서 바람이나 쐬어야지
장롱 문을 열었소

구석에 처박힌 쇼핑백에
곱게 차려입고, 멋 부리던 한복
꾸겨져 있었소

옷 정리 한다던 딸과 며느리
애비 마음 그렇게도 몰라주나

고운 한복 고이 접어 넣으면서
쓰다듬고 안아 보고

피멍 되어 흐르는 눈물
당신 한복 적셨소.

파랑새

님은 03. 6. 9
파아란
하늘로 날아갔소

갈밭으로 도망
영원을 약속했던
68. 12. 21 첫날밤

꿈결같은 35해
주마등
종점에서

내 영혼에 조각되어
지울 수 없는
님의 영상

살아온 숨결 속에
님이
얼마나 소중한 존재인지

저며 오는 그리움에
나홀로
가슴 찢기는 나날들

나와 님 사이
징검다리
끊어졌지만

아,
애달픈
내 사랑

파아란 눈물 고이어
님 곁으로
강물 되어 흘러흘러

오늘도
파랑새 되어
내 님 곁으로 날아가리.

다시 작별을 위해 외 1편

김 원 길

살아 있어야 해요
그대 깊은 눈 들여다보고
옛날처럼 뜨거운 입술 닿게 해 줘요

살아 있어야 해요
세월이 빨리 흘러
세상에 아무도 우리 둘 아는 이 없을 때

새로 만나, 옛말하며
흰 머리칼 쓰다듬게 해 줘요
그대 물 어린 눈 들여다보게 해 줘요

아, 그렇게라도 하지 않고
그대는 거기서, 나는 여기서
어떻게 아무 일 없이 지워질 수 있나요

사랑한다고
남은 날까지 사랑할 거라고
예전에 못다 한 말하게 해 줘요

그리고 날 떠나게 해 줘요.

코로나19

기어이 숨졌단 말 전해 듣고서
정말일까,
떨리는 손으로 전화 버튼을 누른다

훌쩍이며 그의 아내가
절대 오면 안 된다고 한다

울먹이며 나도
혹시 모르니
전화도 함께 묻어 주라고.

바람이 가는 길 외 1편

김 이 대

바람이 가는 길을 따라갔다가
옥수수 밭만 보고 왔다
돌아오는 길은 멀고 막막했다

또 한 번 갔다가
치악산만 보고 왔다
상원사 마당가에 계수나무를 보고 왔다
남대봉 하늘에서
꿩 우는 소리
절 종소리를 듣고 왔다

돌아오는 길에는
단양 쑥부쟁이 꽃을 보고 왔다
쑥부쟁이 꽃밭에 마음을 두고 왔다

바람을 따라갔다가 돌아오는 길
눈 감고 우는 꽃밭이 보였다.

달빛 사랑

노자가 책상 위에서 잠을 잔다
안나 카레니나의 접은 페이지가 석 달째 그대로 있다
달빛 사랑에 빠졌다

전망대 횟집에서 달을 만나고
빈틈없이 유난하고
가득한 달빛

법경화 꽃이 피던
절간으로 가는 길
외줄기 신작로에도 달빛이 적막하다

바다 횟집 넓은 창으로
날아오르는 물새들
방안 가득히 달빛이 누워 있다

적막 속으로 오는 고혹의 눈
달빛이 교교하다

노자도 안나 카레니나도 잊어버리고
휘영청 밝은 달에 빠진다.

사랑인가 봐 외 1편

김인식

생각하면 할수록
보면 볼수록
모두가 사랑스럽다

가까이하면 할수록
만나면 만날수록 그립다

모두가 사랑인가 봐

한마음

서로 마음을
읽어 줄 수 있을 때
행동을 낳고

나눔을
가질 수 있을 때
사랑을 읽어 간다.

달빛 외 1편

김 일 훈

흰 종이 위에 부서지는
달빛의 깨진 조각을 받아 적으려
지우고 지우다
밤을 지웠다

뿌옇게 밝아 오는 외로움을
새벽의 창틀에 걸어 놓고
기억했다
어둠에야 달빛이 고운 걸.

나비

팔랑거리는 햇볕이 꽃잎 위에 앉다

가볍게 흔들리는 가벼운 꿈처럼
잠시 머문 향기가 오후를 설레다

꽃잎이 팔랑거리며 햇볕 아래 날다

멈출 듯이 멈추지 않는 춤으로
안타까운 순간을 바람결에 새기다.

무위無爲로 돌아온 순백 외 1편

김│정│완│

 임진년 윤삼월 초하루 비 내려 흐느끼는 아침
 부모님 유택을 열었다
 내가 손 접어 뉘어 드린 멈추었던 시간이
 이십여 년의 깊은 어둠과 출렁 일어난다

 핑, 눈물 도는 사잇길로 하늘로 불타오른 분골 온기 가슴 따뜻하다
 은하별에서 고향 선산으로 핏줄 당기어 흐뭇한 표정이 어른거린다
 아버지 살아생전 종문宗門에 헌신하신 마음
 솔숲에 이는 신운神韻의 바람결일까?

 무위의 바람결이 무심한 한산 푸른 바다
 썰물이 끌어가 밀물이 밀고 오듯
 때맞추어 매화, 목련꽃 망울 움터 오듯 빛나는 충의공 후손
 고귀한 환생을 비는 간절함도 함께 묻는다

 돌아온 산방산 푸른 정기 저릿한 명당 절절한 기색
 묘비에 솟는 햇빛 내려 따뜻이 쓰다듬는 듯
 심장이 움찔하게 피가 당기는 아버지 빛나는 그 눈빛

 달빛이 숨 막히는 풀벌레 울음 허허로운 묘원
 온몸 귀가 되어 내 발소리 들어시는지
 더 편히 모시고 싶었던 아버지 딸로의 찰나 찰나들이여!

회사후소 繪事後素

비 개인 후 무한대로 맑은 하늘 희고 맑아
불가사의不可思議한 경지
하늘 위 하늘에 수묵화를 그려 본다
묵향이 번지는 여백 살얼음 반질한 이월의 아침
창 너머 연분홍 매화꽃을 하늘에 상감해 본다

천상을 번져 가는 보석밭 그 황홀, 그 눈부심,
한 하루가 지나도록 겹치는 떨림
눈을 감으니 보인다

간절한 이 마음 하늘은 흰 눈을 내려
첫눈이 내리는 설렘으로 바라본다
백옥보다 맑은 영혼의 푸른 숨결 가슴 저릿한
궁극의 청정함을 간직하고 싶은
내 정신세계,
내 삶의 소이연小異然인 것을

내 하늘에 흰 눈이 내린다 온 세상을 다 덮어
그 허물마저 감싸고 덮어 온다
시리도록 맑아지는 마음 바탕을 회사후소繪事後素*라고 할까?

※회사후소: 그림을 그릴 때 백색을 제일 나중에 칠하여 빛을 한층 선명하게 함.
  곧, 지식을 쌓기보다도 우선 덕德을 닦음.

꽃무릇 외 1편

김 정 희

지귀志鬼여,
그대 혼불이 타오르던 옛터에 천년이 지나도록
이어진 목숨 있어

앞뒷산 태울 불씨를 모아
부싯돌 치는 이 있다.

남모를
그리움도 인연이라 한다면, 백번 죽어 되살아나는
윤회의 오솔길에

두고 간 그대 금팔찌
들고 있는 이 있다.

실안* 바닷가에서

먼 수평 다홍으로 얼비친 하늘가에
우주를 다스려 온 꿈 감회에 젖은 태양

서산에 발길 멈추고
불사조를 날렸다

이 저승 구만리 길을 오고간 내력으로
선지빛 날개깃을 꿈결이듯 펼친 자리

허공에 만발한 화엄華嚴
아롱진 빛 무리여

어쩌면 마지막 길이 저리 장엄할 수 있을까!
관 뚜껑을 덮어 봐야 알게 되는 인생살이

한 생을 영원으로 이은 꿈
'큰 바위 얼굴' 떠오른다.

※실안: 남쪽 바다, 삼천포 쪽으로 가는 길목

철 외 1편

김│종│기

꽃 피고 지는 철도
채소 과일 먹는 철도
취직하고 은퇴하는 철도
시집 장가가고 애 낳는 철도

사람다워지는 철이
알속 챙기고 다지는 철이
떠나거나 헤어지기 마땅한 철이
연차年次 따라 차례대로 죽는 철이

다시금 철없이 먹고 살지 않겠노라
또 철없는 다짐 헛짓거리 않겠노라
언제 철들지 어림짐작할 수 없지만
주변은 점점 차차 괴괴해질 뿐이구나

"심박동 거칠고 손 마르고
다리 풀려서, 철나야 무슨 소용이람!"
도무지 철이 없어 도무지 별미쩍다※.

※철: ①봄 여름 가을 겨울 네 계절
　　　②사리를 가려서 판단할 줄 아는 힘
※별미쩍다: 말이나 하는 짓이 제격에 맞지 않다

믿음의 호사豪奢

찬비가 추적거리는 내내
목피木皮마다 소름이 돋아
재채기하는 바람에 가랑잎이
하늘하늘 수선수선 떨어진다

나는 속 기침을 깊숙이 참다가
은행알이 수두룩한 구린내 틈에서
헛구역질을 구역 구역하는 반가움
이 냄새는 향기인가 자기 방제인가

알알이 잎잎이 제 몫의 구실을 할까
사람이 세월을 살면서 제 몫을 챙기고
구실을 다하며 살까, 도대체 모를 일뿐
시절을 잘 살고파 나를 가다듬을 뿐이다

이제금 곧 한 해가 가는 세밑에서
눈보라와 세상의 빙결氷潔을 담은
내 마음의 정화수井華水를 바치듯이
기도를 드린다, 믿음의 호사를 누리려고.

코로나 시대의 가을 외 1편

김 주 옥

소리 없이 오시는 그대
내 심령을 점령하고
어느새 붉게 물들었습니다

가만히 있어도 계곡은 깊어지고
두리번거리는 고갯마루
무슨 이야기 들려오는지
살랑살랑 끄덕이며 다가옵니다

뚝뚝 땀방울 떨어진 자리마다
고운 미소를 짓는 낙엽들
천지가 아늑하고 시원해집니다

걸어온 계절이 눈물 닮은
이슬을 뿌립니다
알알이 영근 세월이
지친 우리의 마스크를 벗겨냅니다

하얗게 눈부신 미래가 손짓합니다
지나간 시간의 무덤 같은
고요한 침묵의 숲으로
피안의 발걸음을 옮깁니다.

다시, 봄

푸름에서 단풍까지
이리도 기나긴 시간이었네
너도나도 피어나는 꽃들
분주했었지
뜨거운 열기로 한세상
한바탕 몸살을 한 후
이제 울긋불긋 단풍이 든
두 번째 봄의 계절이로다
절경이라 말할 수 있는
서늘한 불꽃
타오르는 열기 사이로
뚝뚝 봄물이 흐른다
곱디고와서 더욱 처연한 꽃들
자고 나면 온 세상 하얀
밀회의 계절이겠지.

새만금의 땅 외 1편

김|철|규

여기서 아시아의 별이 뜨고 빛난다
7천만 민족의 궁지宮趾와
인류의 희망이 복합된
황해 시대의 꿈을 이룬 곳
천지개벽을 머금은 새만금 미래를 보라

고군산군도 섬들을 안고
1억 2천만 평의 바다를 메워 산업용지, 농지, 호수를 만들겠거니
국제해양관광단지 조성은 물론
21세기의 살맛나는 세상을 만드는 땅
억만년의 역사를 창조한 새만금의 장중한 출발을 보라

동서가 따로 없이 타오르는 태양은
세계에서 몰려들 인산인해의 물결을 이룰 터이니
우리네 심장을 요동치게 하는 광활한 역사
용틀임하는 억센 파도를 잠재운 새만금의 요람을 보라

세계에서 가장 긴 백 리 길 방조제는 기억을 낳게 했고
서해를 가로지른 바다를 관통한 삶의 통로
명물로 우뚝 솟아 뽐내는 넓은 광장을 보라

삼천리 수려한 강산에 수繡놓은 대한민국
분명 세계인을 경악케 했다
노도처럼 몰려들 인류에게 환희를 안겨 줄 새만금
역사의 땅을 보라.

백합꽃 한 송이

이름 모를
두메산골 바위틈에
임 그리는 마음
백합꽃으로 피웠는가

작열하는 태양을 담아
구름 타고 바람 따라
임의 숨결 더듬는가

사랑의 열매를 그리는
아!
환희의 백합꽃 한 송이.

노인으로 외 1편

김 태 자

나이 들면 하나씩
무너져 내린다지

남의 일로 생각다
무릎 연골 통증에

눈길이 절로 머무는
절뚝거리는 걸음들.

늙으면 뒤늦게야
후회하게 된다지

나만은 그렇지 않다
달려가는 세월에

주름진 손을 붙잡는
홀로 가는 빈 가슴.

세월에 떠밀리어
울타리 너머 산다지

말로야 들었지만
휘어지는 모습에

젊었던 흔적 새기는
흔들리는 남은 날.

내 일이 되면

남들이 어깨 통증
듣는 척 흘려듣다

가시 돋는 아픔이
밤낮으로 괴롭혀

남의 일 내 일 될 줄을
늘그막에 껴안네.

적벽미인 속의 사랑 편지 외 1편

김 효 겸

남도 향기 그윽한 적벽미인赤壁美人
그녀는 햅쌀이어라
화순에서 태어난 절세미인
그 속에 숨은 한 장의 카드
진정한 사랑 편지였노라

'존경하는 큰오빠, 언니
지금처럼 늘 건강 행복 빌며….
늦게 찾아뵈어 미안하구요'
진심 어린 인사말

편지 속엔
기쁨과 반성이 가득했다
나의 반성 사랑도 다시 태어났다

미숙美淑아 미안해
마음의 상처 주지 않으련다
너도 말 삼가고 성숙해지길….
나도 성숙해지련다

합장 미소 전하고
기도하며
긍정으로 답하고
건강 행복 빌며
미숙아 사랑해.

달빛 산책

달빛처럼 온화하게
부부 인연 돈독하고
인간관계 화목으로
당신과 나 백년해로하련다

시집온 제 사십여 년
유수처럼 흘렀네
달님은 알고 있겠지

당신도 흰머리 나도 흰머리
당신은 염색하고 나는 염색 않고
당신도 동안童顔 나도 동안
하염없이 동안으로 살자구려

달빛 산책으로
건강 행복 다지고
가는 길마다 총총
달님 그림자 동행하며
우정의 벗 되어 주네

달님의 웃음꽃 꺾어
아내 가슴에 꽂아 주며
'사랑해요 당신만을'
외쳐 보고 싶다
행복의 순간 영원하소서.

인두화[※] 외 1편

김｜훈｜동

뜨거운 단심丹心이 피어났다
속내를 훌렁 뒤집으며
온몸 구석구석 태워야 사는
삶이 얄궂다 삶이 짓궂다

잠들어 있는 가슴에
통증痛症이 질펀하게 눕지만
내겐 그게 녹비 같은 영양 주사다
내겐 그게 두엄 같은 백신 주사다

냉랭한 가슴을 태워 주며
저리도 아프게 마지막 순간까지
숙명처럼 사는 것도
운명을 받아들이는 것도
무언가 이루고 가야 할
열정을 끌어들이는 흡인력 탓이다.

※인두화: 나무, 대나무, 상아 등의 표면에 인두로 지져서 그린 그림이나 그 기법

승강기

승강기는 널뛰기와 같다
오르막이 있으면 내리막이 있다
두려움과 호기심이 혼재된 세상
구원자처럼 가야 할 길을 간다
끝 간 데 없이 높이 오르는 인간의 허영
승강기는 욕심의 굴레가 없다
거들먹하면 계영배戒盈杯처럼 비운다

급하고 바쁜 일상에도
세상이 힘들게 해도
번갈아 가며 오르막을 지운다
번갈아 가며 내리막을 지운다

흐름은 있고 멈춤이 없는 일상
들숨 날숨의 음표처럼 리듬을 살리며
쌓아 가는 비범非凡함도 내공이다

세상사 오고 가는 것
낯가림 없이 밀어 넣고 오르내리는
몸짓은 쉼을 모르는 열정이다.

※계영배: 술이 일정한 한도에 차면 구멍으로 새어 나가도록 만든 잔

청산 외 1편

김 흥 규

태양에 녹아
줄기줄기 흘러내린
푸른 산
출렁출렁 내게로 밀려온다

청산을 밟고 온 꽃구름
구름이 밀고 온 바람 줄기
두 팔 크게 펴고 끌어안으면
고향 하늘이 푸르게 시원하다

바람이 담아 오는 산새 소리
야생화 상큼한 향기도
쉬엄쉬엄 산자락을 내려와
줄기줄기 나를 감는다

청산에 빠져 초록물 흠뻑 드는 6월.

무르익어 좋은 날

소슬바람
설렁설렁 더위를 헹궈
하늘은 파아랗고

청잣빛 오븐에는
가을이
붉게 익었다

뒷마당
주렁주렁 감나무 가지
홍시가 다 물러져도

천진난만한 풀벌레
노랫소리 절창이다
아, 마냥 좋은 저녁나절.

거기 바다를 두고 왔다 외 1편

남 지 연

절로 무심한 원통 하늘 아래
산사의 공허는 낯설지 않았다
무량한 태등사의 여름은 대낮에도 그윽하고
모여드는 구름에도
마주 보고 앉은 산은 유유하고 자적해서
섞이고 싶었다
바다로 향하는 차창 밖으로
비가 더 내릴 것만 같은 6월의 끝자락이 따라붙고 있었다
이런저런 생각들이 흘러내렸다
어디로든 흘러가게 내버려 두었으나
저 먼저 취해 버린 아야진의 물결이
나를 밀어 열어야만 했던 순간 터졌던 울음
울컥울컥 쏟아내고 있었다
그마저도 아름다운 바다에 섞-이-고-싶-었-다
오기는 오겠지만
내일이 올 것 같지 않은 시간 흘러가는 대로 버려둔 채
저녁이 되고 저녁은
스스로 가장 가까워지는 혼자만의 세계라서
혼자 올리는 짧은 기도가 필요했다

내일이 정말 올 것 같지 않은 거기
바다를 두고 왔다
가까이 더 가까이 흐린 눈을 맞추며.

배추흰나비

어떤 자유는
하얗게 난다

바람의 이름으로 팔랑대며
보도블록 틈새에 쪼그려 앉아
그늘을 반으로 접는다

호접인 듯 아닌 듯
리드미컬한 리듬을 깨고
공유할 수 없는 무의식의 세계
홀로
무궁한 볕을 쬐고 있다

센바람을 몰고 덤프트럭이 오거나 말거나
위험이 저만의 밝음이 된 자세로

유보된 어떤 세계는
도래해도 아득하고

그 너머 자유는
더 아득한 곳에서도 난다.

큰 고향 외 1편

남 현 우

사랑으로 태어나
언제나
마음이 살고 있는 곳

꽃들이 피어나며
산새들 노래하고
푸른 강물이 흐르며
동산에 아침해가 빛나는 곳

멀리 있어 더욱
가까워지는
큰 고향 조국이여

삶이 황혼에 짙게 물들면
더욱 그리워지는 곳

큰 고향
조국이어라.

기다림

간절한 기다림은
시간을 보내는 것이 아니라
시간과 함께하는 것

때로는 아프고
고독이 흐르지만

그곳에는
꿈과 희망이 자란다

지나간 것이 아니고
맞이하는 것으로

기다림은 유한하며
그 결과는 따뜻하고 길다.

봄 그리고 강 외 1편

노 민 환

봄볕 조각이
수면 가득 떨어져
은빛 고기떼처럼 살아서 반짝이고

바람 스치면
눈부신 파편들이
일제히 같은 쪽으로 몰려다닌다.

내 이름 불러 주는 사람

그래
저 사람
불쑥불쑥 나타나
앞뒤 없는 이야기만 하는 줄 알았는데
지금은
저토록 차분하게 서서
맑고 참한 웃음으로 나를 불러 주기도 하는구나

그랬을 거야
처음부터 그런 사람이었을 거야
노을처럼 아늑하게
하늘같이 맑고 투명하게
오늘은
하얀 눈밭 위의 천사가 된 듯
다정한 모습으로 다가와 내 이름 불러 주는 사람.

첫눈 외 1편

노 | 연 | 희

접었다 피는 우산일지라도
홀가분하게 탈 탈 털어 버리고 들어가듯

자줏빛 아우성으로 길 트이면 허리 곧추세워 외친다

떠밀리고 떠밀리며 곳곳에 파고드는 치열함
맨발로 서성거린다

줄타는 듯 세월은 저만큼에서 반짝이고
머리 위의 별들은 쓸쓸히 흘러만 간다

삐걱거리는 일상 속 빼꼼히 가슴으로 고백하는 부끄러움 진종일 마르지 않는다

계절의 울음 여울지면 그림자 앞세워 목마름 씻어내고 굽이굽이 천리향까지 펼친다.

묵시록

도시의 체온은 폭염으로 시들시들 말라
길목마다 살수차 물줄기

달아오른 심장 죽은 듯 매연과 소음이 널브러져 삭일 수 없는 울분의 소리
손끝에 매달린다

바지랑대는 그렁거리며 낭창낭창한 부채질에
해진 시어 받쳐 바느질하며 땀에 젖은 몸 가벼워진다

퍼덕퍼덕 몸부림치는 언어로 기다림의 심지 끄듯 기웃대던 노을의 꼬리 점점 지워져 숨소리 위태롭다

의미 없이 스쳐간 바람처럼 무심히 흘러가는 오늘도 또렷해지는 내일도 허공을 맴돌다
한순간 벚꽃처럼 쏟아져 내린다

꽃잎은 어디 가고 불같이 달려드는 허리 꺾인 흔적만이 눈물 되어 마지막 문장을 천년의 빛에 물들게 한다.

가을 하늘 외 1편

노 준 현

파란 하늘에
푸르던 잎새들이
지는 노을 따라가듯
푸르던 너와 나의 하늘
그 하늘이 타고 있다

포장된 미소마저 일그러지고
파르르 떨리는 그늘진 잎새
그 잎새에는
움츠러드는 허기진 목마름이
흘러가는 구름인 양
삶을 갈무리하고 있다.

접동새

그날 접동새는 슬피 울었다

집어등 찾아드는 고기 떼처럼
진달래 꽃등으로 불 밝혔다
산허리는 그리움의 꽃밭이었다

포구의 학들이
뜨락의 진달래 꽃밭에 취해
지나간 회포를 풀고 있는 듯
정겨운데
여백의 빈곤 속에
후미진 곳에서 울음을 토해내는
접동새 우는 소리 애잔하다.

상리원 복사꽃 외 1편

도 경 회

하 많은 시절 인연

세상 굽이마다 걸어온 듯

숨 멎을 고운 가락 연두 새싹 밀어 올리네

숲종다리 노랫소리에 찬란히 흔들리는 복사꽃

꽃은 맨발로 피는 아리아

느닷없이

다 젖은 그리움도 훌쩍 뛰어넘어라.

복수초

얼마나 풀무질을 했을까
잣눈에 길 열어
가슴속 적막한 통증 지나
얼음 화관 쓴 한 무리 꽃별들
어린 봄 밝혀 든다
긴 겨울
견디는 건
나만이 아니었구나
눈 마주하며
서로 순하게 바라본다
마음에 머뭇머뭇 세월만 보내던
무구한 사랑이
내 눈에 들어온 것 같다
부드러워진 폐가 꽈리처럼 부풀어 올라
심장에서 살얼음 바스라지는 소리
난다.

대웅전에서 외 1편

류순자

날마다 새로이 환하게 세상을 지키시는 님이시여
천둥번개 치던 여름 피해 지켜보는 내가 처연해도
눈물의 끝은 이리 평온하옵니다
내 생의 한 자락에 상처만 남아도 온종일
눈 맞추고 있습니다
신비로우신 오늘은 세상이 더 빛납니다
잊은 듯해도 돌고 돌아 내 앞에 침묵으로 서 계신 님
속이 타는 꽃입니다
먼 길을 휘돌아 온 푸른 욕망
빈 가슴 한 편 포말이 일었다 해도
오랜 시간 밀리고 밀려서
확신하게 된 임 안에서 불혹 넘어서는 준엄함
따라온 희망의 팔도 놓았습니다
빛나고 또 빛나는 청정한 가슴에
온 힘으로 솟구쳐도 옮겨 다닐 수 없는 나는
세상의 곳곳에 쌓이는 눈을 봅니다
다소곳이 꽃을 안고
걸어가는 내 옆 얼굴 보셨습니까?

슬픔 건너기

올곧은 인내심으로 접은 날개
정작 흔들리네
곡예하는 바람 흘려놓는
슬픔 많아 시 읊네
소리 없이 오는 희망이 만들어 준 길
누가 다녀간 것일까
저미는 나 가지런히 박힌
서툰 위안 돌아서면
소리에 대한 몇 개의 기억들
나 휘감지
저 흔들리는 알 수 없는 그리움
밀어내면 부딪치다가
의식 깊숙이 남아
나 꾸짖는 아우성이네
온몸으로 익혀 가는 내가 먼저 자리 비우네
너만 탓하다가 속수무책 당하는 방심 용서할 수밖에
어떤 지극함으로 차단할 수 없는 너
시선 피하면 나 흔드네
오랜 기다림을 모두 버리는 아픔 안고
눈부신 고요 속에 무리 지어 핀 거룩한 혼
차가운 내가 뜨거운 어둠 속 버티는 힘이 목숨이지.

노란 사각 도시락 외 1편

류영환

당신은 굶어도
자식을 위하여 꾹꾹 눌러
도시락을 싸아 주셨는데

먹는 것보다
굶을 때가 더 많았던
그때가 생각이 납니다

어머니가
가슴속 깊이 남아 있네요
그것이 사랑이었는데

왜 사랑한다는 말을
단 한 번도 못했을까요

어머니 죄송합니다
그리고 사랑했습니다
이젠 편히 쉬세요.

내 편

혹시 내 마음은
누구 편이세요

혹시 타인에 의하여
휘둘리지는 않는지요

내 마음은
내 편이어야 합니다
그러면 잘살고 있는 것
아닐까요

나를 믿어야
꿈을 이룰 수 있으니까.

신작로 新作路 외 1편

류중석

탱자나무 울에 걸린 노을이
이제 막 하루 꼭지를 따고 있다
그 모습이 하루를 벗는 옷처럼 스스럽다
곧 으스름 어둠이 벗은 몸뚱어리 가리겠다
으르렁대던 기계들이 신작로 뚫는다고
한낮을 소리치고 갔다
구십 먹은 노파가 시큰둥 혼자 소리 한다
천지개벽이야 천지개벽이야
논두렁 밭두렁 당신 발품으로 먹이던
자기 가슴 같은 흙이 파 엎어질 때마다
찔끔찔끔 아프다
자빠진 풍뎅이 날갯짓처럼 신작로가 어지러워
밤마다 꿈을 꾼다
앞 동네서 상여 차가 신작로 지날 때마다
자욱한 매연이 자꾸 몸살처럼 찌든다
저 앞길 꼬불꼬불 돌아가면 북망산이 지척인데
휙 지나고 말 신작로가 내 집 앞에 놓인다니
해 질 때마다 노을 걸린 탱자나무 울타리가
그렇게 뉘엿뉘엿 서럽다.

기다림

나를 사랑하던 그들이
그들 시간만큼 머물다 갔다

맴돌던 내 언저리에서
한마디 말 한 웃음 던져주고 갔다

곁 스쳐 간 그대들이여
내게 남긴 흔적에는
빈 외로움 쌓여 있다

떠난 자리 남겨두고 기다린다

늘 비어 있는 서로의 곁에
잠시 떨리는 머뭇거림이라도
나 흔들어 놓고 가렴

빈자리에 얼룩이라도 남기며
외로움 하나 거두어 가렴.

광화문 봉쇄 외 1편

리 창 근

광화문을 봉쇄하고
통행인을 검색하라
세종대왕도 가두고
이순신 장군도 가두고
한글날 기막힌 현실이
팩트 체크 대한민국

하루하루 사는 삶이
참담한 현실 속에
화창한 가을 날
낙엽 편지는 오가건만
잘 아는 코로나19는
어찌 유독
광화문에만 박혀 사는가

제주도도 인산인해
공원에도 삼삼오오
전철 안도 버스 안도
오밀조밀 다감한데
광화문 넓은 광장만
폭풍우 속 산사태.

두물머리 그곳

남한강 북한강 천 리 물길 흐르는
아름다운 자연 풍광 풍미가 넘치는 곳
혼자는 외로워서 하나로 만나야 할
남북한
통일을 맞듯
설레는 마음 되는

물과 꽃의 정원 양평의 세미원
속보와 파워워킹 일상의 사람들 모습
두물머리 그곳에는 그리움으로 그득하다
두물경
노르딕 워킹
삼삼오오 스키 선수들
물안개 너머로 보이는 황포 돛배
사백년 세월 넘는 정감 어린 느티나무
양수리 수려한 경관 명품 먹거리 연 핫도그

오늘도
두물머리에는
구경꾼들만도 인산인해.

흔적 · 3 외 1편

맹 기 영

삶은 기다리는 것 희망도 기다림에 있고
걱정도 기다림에 풀려나고 분노도 기다림에
삭아지는 기다림 모르고 재촉하면 남는 것은
공허와 좌절 상처만 남는 법 좋은 것은
좋은 대로 궂은 것은 궂은 대로 돌고 도는 삶
조그만 여유로 불씨 만들어 기다림 꽃
피우고 삶은 기다림.

해거름이

해거름이 도화지 삼아
한바탕 노니는데

대가답게
몇 색으로 매일이
놀랍고 아름다와

가는 노을 아쉬운 것이
내일 또 기다려지는

어느 누가 저 붓을
따라갈 수 있을까?

나날이 마지막인 듯
불태우는 아련함에

오늘도 감탄만이.

매듭 외 1편

모 상 철

사태 진 너덜밭을 기 쓰고 헤쳐 나와
남들이 먼저 간 길 어둠 뚫고 달렸건만
끝끝내 빛에 닿지 못해 꿈을 잃은 그 사내

갈림목 먼지 속에 옹이 박힌 신음 소리
마른 여울 불꽃 튀는 시절마저 견디고도
벼르던 한때를 놓쳐 가위눌린 쉼표 몇

가슴엔 못다 자란 바람의 싹 목메는데
어느새 가로막는 막바지 깔딱마루
어떻게 남길 것인가 오목새김 마침표.

노래가 뭔지 모르고도
노래를 부르는 자칭 노래꾼처럼
―그중엔 나도

1. 거울을 보며

왜 사는지 모르고 살아가는 사람같이
글이 뭔지 모른 채 써대는 글쟁이도
물음표 날려 본댔자 울림 없을 헛노래.

2. 가지는 대로 걸으리랏다

잘 쓰려 덤비지 마 집념은 허깨비야
정화수 맑은 물로 벼랑바위 먹을 가세
첨부터 걸음마 배우기로 끝날 길이 아니냐.

가로등 불빛 외 1편

문 정 숙

회색 도시 어둠을 삼킨 키다리
포근한 안식처 찾아가는
발걸음 재촉하는데

작은 것 소중하게 여긴 마음
당신은 높은 곳에서
희망의 밝은 빛 비추는 가로등이어라

때로는
어둠을 가슴에 안고
삶에 지친 몸 이끌고 가는 귀갓길
아련히 유리창에 비추는 사랑의 빛

당신은 평온한 보금자리로
안내해 주는 행복의 길잡이어라

빛은 막힘이 없듯이
모두의 길잡이 된 파수꾼
높은 곳에서 비바람 맞으며
세상의 희로애락 반추해 주는

당신은 찬란한
가슴을 불태운 희생의 가로등이어라

하루 종일 저녁 오기만 기다리는 분꽃같이
깨끗한 존재로 씻어 낸 하얀 마음
당신은 풍진 세상
영혼의 불꽃인 가로등이어라.

쏠비치※ 바다

잿빛으로 물든 하늘
물안개 서린 선창가
는개가 바람 타고 밀려오니
파도 소리와 어울려
슬프게 울어댄다

하얀 포말 휘몰아치는 물결
레일처럼 밀려오는 그리움
암흑 속 헤매다 가슴 다독이듯
물결 타는 요람 속 고요히 잠드는가

비릿한 바다 내음 맡으며
끝없이 펼쳐지는 파도 위로
한몸 되어 모였다가 흩어질 때
보일 듯 말 듯 작은 섬들
바라보는 것만으로 황홀한 시간

세찬 파도에도 변함없는 바다
자연은 우리에게
오늘도 그 자태 그 모습으로 남아
참다운 진리를 가르쳐 준다.

※전남 진도군 의신면 대명리조트(쏠비치)

삶 외 1편

문 홍 희

사는 게 뭐길래 힘들면 쉬어 가지
지친 몸 추스려서 하늘을 바라보렴
파란 하늘 너를 보고 수고한다 하지 않니

앞만 보고 가지 말고
뒤도 한번 돌아보렴

모퉁이 재 너머에
반길 이 기다리니
고사리 온정 손길 등 두드려 주려무나

나에 분신 아가야 새록새록 잠들어라
자다가 배고프면 엄마 눈을 바라보렴
정 담긴 엄마 손길 아가야 젖줄이네.

소주 아래기

6·25 할퀴고 간 뒤
삼년 들어 흉년은 피할 수 없었다

엄마는 빈 동이 동아리 머리 얹고
이십 리 황톳길 안개 속 더듬어
반 동강 난 목천다리 나룻배로 건너
소주 가마 구름 타고 솜리 내려오면
서너 사발 나눠 받고 부용강 건너와

세 사발에 물 한 동이 가마솥 당원 넣고
종달새 높이 가는 길 따라와
달콤한 소주 죽 굽은 허리 펴고 나면

부러움 없는 세상 아리랑 아리랑
세상 일 잊은 채 한잠을 자고 나니
달은 이미 중천 올라 취객 길을 밝히더라.

망야罔夜 외 1편

민 병 일

부재한 인생 외길 속에 가던 길 멈추고
수레 위에 감았던 눈뜨니
구르는 낙엽 사이 찬서리만 쌓이고
속절없는 세월의 관절마다
가려진 소매 속 다섯 손가락은
앓아 온 지난 시간 마디마디 절여 오네

철없이 뒹군 숙맥 같은 날들이 지나고
망야罔夜의 별빛 닦아 시를 쓰는 시간
진정 당신은 나의 님이었습니다
잃어버린 자유 속에 지는 아픔
예기치 못할 때 찾아오리니
이제는 그대 자비로 품어 울게 하소서.

유월의 창

작약 향기 실려 오는 유월의 창밖에
초동의 세월이 꽃잎 속에 구른다
눈빛 주며 떠난 바다 건너 나성羅城은 아득한데
불현듯 떠오른 누나의 순결한 음성은
향기 품어 내 귀에 이명으로 찾아든다

칠부 적삼 끝동의 곱디고운 손마디는
지난날 초록 칠판에 하얀 분필을 긋고
풍금 소리 운동장에 여울지어 들리는데
눈감고 나서도 다정한 누나의 교실은
아직도 그곳에 유월의 창을 열고 있다.

국립공원 1호 외 1편

민 수 호

1,916.77m 올라온 등산객들
수천, 수만 명을
맞이했을 텐데도

싫다는 내색 없이
눈, 발 마주치자마자
머리 닿은 구름으로
지친 육신을 천왕이 쓰다듬어 주며

"산은 힘이고, 힘은 용기야"
묵직하게 말해 준다

청정한 공기 한껏 마시면
가슴 탁 트이는 개운함

땀에 젖은 만족한 행복을
맘껏 퍼 주더라.

홀로되기

하늘을 올려다보면
수만 가지 사연 담아 흐르는 구름

항아리 같은 마음속
좋은 생각들이 발효되어
감동이 솟으면

왜 내가
살아가야 하는지에 대한 실체를
만날 수가 있을 것이다

보고 느끼는 마음속에
숙성되어 가는 삶의 이치
곰삭은 행복이란 비교가 아닌

오롯한 나 자신과의 만남이기에
홀로 산길을 걷는다.

푸념 외 1편

박 건 웅

나는 종종 책상에 팔꿈치 얹고
원고지와 씨름을 한다
누구 하나 읽으려 않는
시를 쓰려고

그때 그때 떠오른 시상을 정리하며
펜을 들지만 잘 써지지 않는다
이제라도 펜을 놓고 남들처럼
감각적 유희를 즐기고 싶다

사람들 관심은 온통
컴퓨터 티브이 스마트폰에 쏠리고
시를 읽는 이는 찾아보기 힘들다
그래도 시류에 둔감한 나는
현대의 무대 뒤에서
돈돈 되지 않는 시의 늪을
헤어나지 못한다.

폐가의 한낮

사립문 젖히고 들어온 바람
흙벽에 기대선 지게 앞으로
낙엽을 굴린다

이 집에 살던 사람들 말소리
여운조차 안 남고 매듭 풀린 끈마냥
구름을 밀고 투명한 햇빛이
잡풀 무성한 뜰에
실비처럼 내린다

한때 누렁이가 오수를 즐겼을 성돌 앞
꼬리는 흔적조차 보이지 않고
멜빠 등태가 검게 삭은 지게가
용케 남은 목발로 땅을 딛고 서서
마당에 팽개쳐진 지겟작대기를
쓸쓸히 바라본다

햇빛 바람 풀벌레들만
드나드는 빈집

옛날 등에 지게 지고
사립을 드나들던 남정네
가마솥 뚜껑을 여닫던 아낙
참새처럼 재잘거리던 올망졸망한

아이들 다 어디로 갔나

그들을 찾아 나서기라도 할 듯
지겟가지 강시마냥 뜨락을 향해
두 팔을 뻗는다.

단풍 외 1편

박 관 호

찬비,
된서리
피멍으로 번지는 가슴

너는 이 터
강토의 딸
우리 모두의 불타는 심장

단풍 터널 잎새 지는 소슬바람에
세월 아무리 흘러도
우리의 걸음 쉬임없으리

자유 평등 평화
그리고
사랑.

촛불

바람이 분다
내 영혼 깊숙이 스미어 오는
골목길 초가집
나래 울타리
울다 지쳐 상처 난 가슴
세월은
언제 이렇게 흘렀나
강물처럼
가도 끝이 없는 날들

고향을 잃고
마흔셋
풍상을 살아온
내 가슴에 바람이 분다

돌아갈 수 있는가
나의 고향
산을 울리고 돌아오는
메아리처럼.

황혼은 소리 없이 외 1편

박 기 임

내 인생에 황혼이
소리 없이 찾아와
부르고 있다

젊음은 뒤안길로
사라지고
내 삶에
황혼이 무겁게 느껴진다

봄 여름 가을
화사하고 따뜻한 바람결에
마음도 살며시
무거운 짐 내려놓고

민들레 홀씨같이
훨훨 날아 날아
목적 없는
여정을 떠나고 있다.

꽃

웃음 머금은 붉은 입술
사랑이 익어 가는 열매

바람에 불려가
향기로운 맛을 머금고
피어오르는 꽃잎

향기 속 은밀한 대화
마음과 마음을
이어 주는 아름다운 만남

너울거리는 즐거움
세상을 밝히는
한 점 불빛.

막걸리 나그네 외 1편

박|달|재

한 많은 세상 대장부로 태어나
멋지고 폼나게 살아 보려고
피땀 흘리며 몸부림쳤는데도
제자리 인생 '벼룩 나그네'

밖에선 상사 동료 눈치와 비위
집에선 처자식 부양 걱정
힘들고 고달파도 늘 말이 없는
맘 편한 인생 '바보 나그네'

밥심 뱃심 아무리 힘을 줘도
한 번도 큰소리 쳐보지 못해
해거름 퇴근길 막걸리 얼큰
목놓아 부르는 '여보 사랑해'
취중 인생 '막걸리 나그네'

사랑하거들랑 헤어져라

사랑을 해 보았느냐
아예 미치도록
미치지 않은 사랑은 사랑이 아니다

미쳐 보았느냐
그럼 느닷없이 헤어져라
헤어지지 않은 사랑은 '참사랑'이 아니다

어느 날 이유 없이 헤어졌다가
뜬금없이 어디에서 다시 만나면
반가움과 기쁨 환희에 도취되어
환상의 오르가슴이 절정에 이르나니

사랑하거들랑 미치고 헤어져라
그리고 다시 만나 활활 불태워라
이제 '사랑해 보았노라' 말을 하여라.

내 고향 산 일번지 외 1편

박|대|순

내 고향은
낙동강이 휘돌아가는 왜관서 이십 리 길이다
한때 나룻배 타고 오가던 길목에는
오지게 버티고 선 다리 아래로 세월은 간간이 흐르고
전망 좋은 언덕 동네 산 일번지에는
하루 한 번 술 도갓집에서 막 걸러낸 막걸리,
배달하는 늙은 할아범이 살던 곳이다

내 고향 하빈은
낡은 가죽 가방을 걸친 우체부가 배달을 오가던 곳이다
힘겨운 버스는 고단한 걸음을 하루 두 번 오가고
참새 한 무리 재잘거리는 초가집 동네에는 햇볕만 쌓이고
반쯤 열린 골목길 싸리문으로는
남쪽에서 오는 바람만 숨죽여 드나들던 곳이다

내 고향은 한 시절
돌담을 타고 오는 나팔꽃 줄기로 가득한 마을이다
노을 익은 그리움이 한 아름 돌담에 매달리면
장독대 넘어 만발한 찔레꽃 따라 숨이 가쁜
내 고향 산 일번지에다, 오늘
빈 술통 가만가만 내려놓아도 좀처럼 버릴 수 없는
그리움만 쌓여 가는 따뜻한 동네이다.

스무 살 시월

스무 살 시월 군에 입대하던 날,
내 눈빛은 먼저
부대 울타리 넘어 부동자세로 긴장한 법을 배우고 있었다
지나간 추억은 낙엽처럼 한쪽에서 나폴거리고
어느새 북적거림도 끝이 나고
휴일 오후 같은 정적이 연병장을 잠시 스쳐 지나가고
붉게 치장한 노을이 곱게 눈가에 내려앉으면
그때마다 들리는 병사들 짤막한 함성은
안타까운 그리움처럼 바람에 실려 따라오고
오래전에 마음에 꼭 담아 두었던
나이 든 아버지를 생각할 수 있는 나이가 되었다

군에 입대하던 날,
내 눈빛은
이때서야 아버지 맘 알게 되었다.

창문 밖 풍경이 주는 외 1편

박 도 명

가로수 벚나무와 은행나무도
그 푸르름을 자랑하던
잎들을 서서히 떨쳐내고
미끈한 알몸으로 계절을 순응하며
묵묵히 서 있는데

우리네 인생 욕심 가지는
언제 떨칠 수 있을는지.

아쉬움 보채던 날

산가 저편
먼 산봉우리에
구름이
하늘이 얹히고
나그네의 바람 닮은 마음마저
오롯이 담겨
그간 못다 한 아쉬움을
늦가을 푸르름으로 대신 물들인
그 어느 날.

동강할미꽃의 항변 외 1편

박 두 현

할미꽃이잖아요

그래,
어쩌란 말이냐

허리를 굽히지 않았잖아요
얼굴 화장이 너무 야하잖아요

웬 세상에
태어나서부터
할미가 어디 있느냐

그래,
이 동강의 병창(벼랑의 강원도 방언)의 위에서나마
내 허리는 내 마음대로 펴고
핑크빛 얼굴로
하얀 얼굴로
예쁘게 화장을 하고
사내들을 마음껏 꼬셔 볼란다

태어나서부터
고개 숙이고
연애 한번 못한 게
무슨 자랑이더냐.

재두루미의 참선

가끔씩
강릉 남대천 하구에 찾아오는
재두루미는
긴 다리를 물속에 반쯤 감추고
자신의 모습을
물그림자로 비춘 채
꼼짝하지 않았다

나는 칠십 나이가 되도록
그것은 물고기를 잡기 위한
개수작이라고만 생각했었다

그러나
오늘 아침에서야
그것은 참선 중이라는 거 알았다

높은 하늘과
키 큰 나무 위에서는
자신의 참모습을 볼 수 없음을 알고
자신의 머리가 거꾸로
물속 바닥까지 낮추어진
물그림자를 본 뒤
참선 중일 게다
비록 새로 태어났지만
부처가 되지 말라는 법은 없을 게다.

황금박쥐의 눈 외 1편

박 래 흥

황금박쥐는 키엘케골 고독의 철학자
세상을 대롱대롱 거꾸로 바라보니
인간은 너 나 모두가 거꾸로 살아간다

흑암의 우주에서 고요를 즐기시는
철학자 눈으로 본 사람은 어리석고
사색思索과 여유를 모른 이기적 쾌락주의

천국을 이불 삼고 공허空虛를 베개 삼아
매달린 그 영겁永劫의 고통은 얼마인가
삶이란 눈물바다가 아니고 무엇일까.

내 고향 곰실마을

용아龍兒마을 지나 광산 서녘 끝
곰실마을※
남으론 나산 대동 함평천지 가는 길
북으론 월야 문장 영광으로 가는 길

뒷산 곰이 품고 있는 형상이라 곰실마을
정혜공파※ 박경희 종갓집은 명당인데
어버이 돌아가시고 폐가로 남아 있네

조선의 청백리 무서백비 박수량의
손자인 박상경이 임진왜란 만나서
잔인한 왜놈과 싸워 장렬히 전사한 곳

동구 밖 대봉산이 마암 엎고 석암 안고
칠산 바다 조기떼 잡으려 날개 펴니
온 산이 꽃 병풍 쳐서 울긋불긋 꽃동네

앞산의 범바위 가암산에 올라보라
황룡黃龍이 어등산을 보듬는 황금벌판
발아래 빛 그린 산단 광산구가 희망이다.

※곰실마을: 광산구 서쪽 끝에 있는 양동 복만마을
※정혜공: 조선 명종 임금이 박수량에게 내려준 시호

바람의 모퉁이 외 1편

박 명 희

머물러 있는 흐름이 아쉬워
아침마다 그대들의 문을 두드리네
잘 있냐고
나를 기억하냐고
나를 기억해 달라고

세상 온갖 좋은 말
좋은 풍경
신기한 풍물
그것들이 지금 얼마나 위로가 될까마는
그래도 한순간 세상 시름 잊으라고
힘을 좀 내보라고

아니아니 그 모든 것 아니어도 좋으니
제발 멀리멀리 떠났다는
기별만은 오지 않게 해주기를⋯.

기도

깊은 밤에는 빨래를 한다
주머니의 잡다한 상념들은 다 끄집어 내고
먼저 내 세탁기의 모터는 강력하다고 믿는다
그 믿음의 분량은 세탁기의 성능과 비례한다
실패와 희망의 짜임들을 분류한다
때로 실패의 짜임을 뒤집으면
희망으로 분류되기도 한다
얼룩졌던 시간들은 전능자의 비누로 덧칠한다
전능자의 비누는
절실히 원하는 소비자에게 무상으로 배달된다
그리고 낙타의 무릎처럼 무릎을 굽히고
정성껏 비빈 다음
하얀 신념을 풀고 단호하게 작동 버튼을 누르면
부질없는 것들이 거품이 된다
숨겨진 진실은 헹구고 또 헹군다
마지막으로
예쁜 무늬들이 선명해지게
소망의 유연油然제를 풀면
욕심들이 탈수된다

동이 트면
빛과 바람이 교차하는 곳에
초연히 널려 있다가
나를 지탱하는
예복이 될 것이다.

주름뿐인 강물 외 1편

박민정

벼락 맞은 내 심장에
빨간 대못이 박히더니
까맣게 그을렸다
산은 물빛이 좋아
하루 종일 강물 위에 노닐고
바람 불 때마다
물 주름을 일으킨다
산빛과 물빛은 이별이 없다
종종 바람에 일그러지지만
언제나 그리움 하나로
애절한 주름을 일으킬 뿐이다
오늘도 빈 가슴속에
고뇌의 파도가 몸부림친다
훈풍에 일렁이는 강이다
지금까지 물빛으로 살았지만
마음의 빛깔도 서로 다르다는 것을
머리칼을 하얗게 물들이는 망설임에게 배웠다
쪼그리고 앉아 기도한다
애절한 눈빛으로…
잔잔하던 강물이
물 주름을 일으킨다.

추억도 물들어 간다

가슴은 아직 여름인데
가을은 냉정하게도 세상을
밤새 붉게 물들였다
구름같이 떠도는 얼굴은
낮달에 더욱 애잔하고
아는 듯 모르는 듯 가을바람은
변심한 햇살에 세뇌된
마른 잎을 몰고 간다
지나간 삶을
바스락바스락 헤집어 본다
이순의 몸뚱이는
가을바람과 한몸 되어
황혼의 종소리에 숙연해진다
홀로 가야 하는 그 길
번지도 이름도 모르는 그 길

빛바랜 추억 속에
한 잎 두 잎 물든 사연을
보고 또 본다.

어느 소녀의 일기 외 1편

박병수

지난여름 우윳빛 목장길 따라
자전거 하이킹의 그 소녀
땀 배인 리본에 하얀 마후라
노을은 빗장을 풀고 있었네

화원을 잃은 계절의
창가에는
파나시아 눈꽃이
바람에 날린다.

샤머니즘의 부활

철대 끝에 서풍은 불고
누군가는
아픔 그 너머에 신을 동경한다
억새꽃의 나부낌
백로의 자맥질
변두리에 내걸린 비닐조각이
샤머니즘의 꽃처럼 피어 있다.

빗소리 외 1편

박 상 진

빗줄기
폭포처럼
가슴을 적시고

유리창
두드리는
가마솥에
콩이 튀고 밀이 튀고

어머니
주걱 젓던 소리
쓸어 가는 빗소리에
낡은 돛단배
간드랑간드랑
노를 젓는다.

노다리※

참꽃 피면
까까머리 노랑 고물
준밥※에 들떠서

고무신 속 미꾸라지
가슴 조여 걸었던

뻐꾸기 장단에
도리깨
푸른 하늘 널뛸 때

보릿대 짐 어깨춤
서답통※ 간들거린
꾸부러진 노다리

복새※ 덮쳐
물그림자 떠난 자리
하얀 돌까리만
햇살 달군다.

※노다리: 통나무를 걸쳐 만든 다리
※준밥: 춘란의 꽃대
※서답통: 빨래통
※복새: 쓸려 온 자갈과 모래

월출산 외 1편

박 성 희

병풍인가 그림인가
저 산에 선비가 되어
시를 읊는 소리

남도의 풍미가 저 깊고
신비한 자연 속에서
나왔으리라

고요한 산속에
들리는 새소리
그때도
깨어나는 아침이었으리라.

강진 녹차밭

강진의 푸른 물결이
이리도 아름답게
펼쳐 있을 줄이야

푸르디푸른 저 고운 결에
마음 흘리고
차 한잔의 향에
지그시 눈감은 선비 모습
보이는구나

애끓는 시름은 간데 없고
푸른 청정만
저 하늘 속에 담아진
그리운 임이여

달려가고프구나.

희미한 십자가 외 1편

박│숙│영│

하늘 모서리에서
시야에 들어온 희미한 십자가
여백 탓에 가끔은
외롭고 공허한 십자가

그 위에선
까맣게 불 꺼진 재개발 골목길
새벽의 모서리에
웅크린 나의 모난 등어리가
아직도 보일는지

익숙한 길에서조차 넘어지거나
길을 잃고 마는 나를
두 팔 벌려 기다려 준 십자가

불신과 의심으로 채워 넣었던
가로 세로 십자 퍼즐의
단어들을 하나씩 떼어내고
겨자씨보다 조악한
흩어졌던 믿음의 조각들을
모자이크처럼 끼워 넣어
빈틈을 막았다

그동안

삶의 언저리에서
심하게 각 잡힌
마음의 모서리를 토닥여
둥글게 다듬어 갔다

아득히 흔들리던 십자가
후광을 동반한 채
눈앞으로 다가와 두 손을 내민다
한참을 마주한
무릎 꿇은 십자가 앞이
흥건히 젖어 있다.

텅 빈 방

서슬 퍼런 우울을 머금어
무거운 별들이 하늘에 갇혀 있다
단 한줄기 달빛만이 바람의 발길질에
잠시 내 어깨에 내려앉는다
가슴 한 켠 모서리 틈 사이
고여 있던 녹슨 언어들이
기다린 듯 달려 나온다
희미하게 풀어진 어둠 속에서
말을 아끼던 라디오도
드디어 말문을 열었다
닫혀 있던 창문 밖에서
엉거주춤 안을 들여다보던
나무 그림자가 검은 춤을 추고
그새 갇혀 있던 별들이 무장해제 되어
방 안으로 우수수 쏟아져 내린다
방바닥에 떨어진
별 그림자를 주워 담아 보지만
두 손에 건져진 그것은
손가락 사이로 이내 사라진다
아무것도 움켜쥐지 못했어도
사라진 자리에 뜨겁게 환상통이 남아
밤새 빈손을 괴롭히지만
소란했던 빈방에도
어김없이 주홍빛 온기가 차오르고 있다.

병상 유감 외 1편

박 신 정

하룻밤 사이에
손과 발의 기능을
빼앗겨 버린
나는 환자

귀는 열려 있어
하!
세상 밖 소식은
여전히 시끄러운데

앞산의 진달래꽃은
왜?
저리 흐드러지게 피어 있어
내 마른 심장에
불화살을 쏘아 대는고.

아카시아꽃

대낮부터
흰 초롱
밝히더니

달밤에야
환하게
웃는 얼굴

쏟아붓는
네
짙은 향기에
터지는 코피

너로 하여
오월은
등 푸른 생선이 된다.

내 삶의 주인으로 외 1편

박|연|희

수많은 사람과 만나고 헤어지며
축복을 빌어 주며 행복을 전하고
좋은 인연 튼실한 지원자로
넘어졌을 때 달려가 일으켜 주는
정직한 나로 변함없이 살아가자

나이 들어가며 성급한 편견을 버린다
근심은 접어 겸허하고 여유로운 마음으로
기쁘게 다가올 시간을 새롭게 맞이하자

내가 알고 있는 것은 나눠 쓰며
좋은 사람, 따뜻한 사람으로
내 삶의 주인이 되어
은빛 영롱한 삶을 가꾸어 가자.

이렇듯 비가 내리면

쏟아지는 비를 바라보니
한달음에
빠져드는 울적한 상념
나 대신 슬퍼해 주는 것 같네

창 넘어 풍경 흠뻑 젖어 가면
텅 빈 마음에 들어서는 그리움
저근 듯* 내 마음 움직이는 그대
정녕 누구시더이까

기억 저편 머뭇거리던 그대
이렇듯 비가 내리면
마음은 우산을 받쳐 들고
그리움 마중합니다.

※저근 듯: 잠깐 동안에

감미로운 노령 스타 외 1편

박|영|덕|

여배우 말년 수려함 실종 때
70 중턱에서 오스카상 수상을
눈가 잔주름 훈장인 양 미려

불륜 이혼남 씹지 않으며
성경 읽듯 대본 읽을 수 있어
중앙지에 대서특필 기사화된
깔끔한 암송은 고결 정서 정성
잡음 일기 쉬운 연예인이라는
고정관념 깨고 청순 생활로
한국 할머니 기품 잘 살려
영화감독에게 캐스팅 돼

학력 1등의 내국인 예찬하듯
국제적 오스카 심사원들
내, 외면 일치 지성미 채운
윤여정을 세계적 대스타로.

꼬부랑 경륜 인생길

지팡이에 받쳐진 꼬부랑 허리
인생 역경 연륜의 사생화

넘어온 고개마다에 사연 심고
더 험한 고개 앞 놓여도 전진
땅 꺼질 한숨으로 굽은 등 두들기고
움츠려 축 처진 어깻죽지로 심호흡
피눈물로 얼룩진 꼬불꼬불 세월
못내 아쉬워도 디딤돌 삼아 넘으니
꼬부랑 계곡 더 늘어난 얼굴하고서도
인생은 70부터라며 봄놀이 즐겨

나들이 동반자 지팡이 바깥 반려나
골 깊은 계곡 무관 침방 거동 원활
백년해로百年偕老의 중심축은 해偕
예사롭게 함께 살아갈 사이가 아닌
사람인변 부부가 흰백 백발 이고
숟가락 비 둘 쌍방 빨 회춘 능력
괴차 지팡이 자청 백 세수를 구가
중단 없이 현재 진행으로 꼭 잡고 놀아.

너와 나 외 1편
―통화 중

박영순

행복하냐고 물어보는 동안은
나도 정말 행복해서
내 마음도 예쁜 꽃이 피고

고맙다고 말하는 그때는
고마운 생각이 샘솟듯 솟아올라
마음 더욱 고마운 느낌

보고 싶다고 말하는 시간은
더욱 그리운 옛 생각들로 이어져
마음은 옛 추억 그립고

좋은 말을 들으면
더욱 잘하려고 노력하고
나는 전화 받으면서 느끼지
너와 나의 추억들.

기다림

먼동이 트면 잠은 깨지만
안개가 온천지를 뒤덮은 새벽 시간

뜬눈으로 밤새고 돌아오는 시간
탈 없이 돌아오길 기도해

모든 것이 인연의 끈이라고
또 때를 챙기고
이게 바로 사랑일까?

고운 정은 얼마나 들었을지
모두가 세일 수 없는 시간 속에

그리움을
모아 놓은 것이 기다림이다.

무궁화 꽃 한 송이 외 1편

박 영 춘

님은 이미 진즉 가고 없는데
피 흘린 자리에
봄은 찾아와 꽃은 아직 피네

님은 이미 진즉 가고 없는데
무궁화 꽃동산 터앝에서는
땅속 깊이 스며든 핏물
겨레의 뿌리 저버리지 않고
아직도 횃불 밝히는
칼 가는 소리 들리네

님은 이미 진즉 가고 없는데
꽃잎에 새겨 안은 피멍
우리 땅 우리 민족 잘 지켜라
무궁화꽃 이파리
나라 걱정 이슬 마를 날 없네.

피 맺힌 무궁화 꽃 한 송이
―사형 장면 사진을 보고

서기 1932년 12월 19일 오후 3시
현해탄 건너 황량한 언덕
고향에서 날아온 눈발
간간이 님의 두 뺨 어루만졌으리

서기 어린 두 눈빛 검은 띠 두른
번뜩이는 미간으로 날아와 박힌
압박과 설움과 저주의 총알
스물네 살의 무궁화 꽃봉오리
경멸의 미소 빨갛게 물든
한줌 흙
님의 고향 땅 꽃밭에 돌아와
다시 피는 무궁화 꽃이파리
님의 눈빛 핏발 맺혀 이슬 머금었네.

울 엄마 외 1편

박 일 소

가는 길은 있어도
다시 돌아오는 길은 없다고
가신 아버지 생각에
흐느껴 울던 어머니
전화기 속 어머니 음성
이제는 아버지 따라가신 어머니
그립고 보고 싶어도
돌아오시지 않는
울 엄마.

얼굴

누구의 열정이 타는가
서산이 저녁 놀빛으로
붉게 물들어 가네

떨어지는 꽃잎은
누구의 눈물인가
연녹색 짙푸른 가슴이 되어
하염없이 떨어지네

찢어질 듯 아픈 가슴
깊숙이 자리한 사랑
얼마나 더 많은 상처가 나야
머물 수 있을까

그대를 향해
열어 버린 가슴
한 뼘도 안 되는 얼굴
볼 수도 없는데

푸른 하늘 허공 멀리서
맴돌다 맴돌다
사라지네.

• 외 1편

박│정│민

  액자 속 매화에 먼지가 꽃으로 피어나
  은밀한 메시지 사이 당신의 아픈 관절과 슬픈 어깨 그 위, 하얀 일탈을 꿈꾼다
  유리벽 안 낙타는 땅의 뿌리가 되고 싶다
  액자의 나이테를 벗어나고 열대 고무나무 귀소 본능을 벗어나면 밝은 뫼비우스 길
  오래된 틈은 분열이 아니라 길이 된다
  이름을 묻는다, 가벼움이라 답한다
  생을 통째 흔들어 먼지만 날린 당신
  빛은 반사되는 자리에서 뿌리 내리고 싶었을까
  내 눈빛 도달하는 곳에 착한 별을 심고 싶었다는 가벼운 말에 흔들릴 뻔했다
  흔들린다는 것은 바람에 대한 나의 작은 배려였음을
  혼돈도 질서를 만드는 게 세월이라 믿고 싶었다
  빛의 어디쯤 굴절을 숨겼을까
  나도 당신도 건조하게 서로를 속였다
  시간이 점으로 흔적을 남기는 동안 먼지는 빛을 잃는다
  누군가의 그리움이 되지 못하는 일은 쓸쓸하다
  얼룩을 점이라 우기면 언젠가 점이 될까
  내려앉으면 그대로 섬이 될까
  건조해지는 일은 먼지 되는 일
  매화 꽃잎 몇 장을 생각한다
  꽃을 피우느라 애쓴 먹물의 농담과 표구로 날아가 버린 화선지 위 지문

낯선 곳으로 날아간 채색의 기억

초인종 울리고 택배 도착한다, 새로운 티끌배기의 말이 배송된다.

―

　어느 빙하기 냉장고 속에는
　냉기 먹던 시대에 나보다 먼저 내 몸을 떠난 충수 돌기와 몇 개 장기가
　피돌기 퇴화한 꼬리 어는 점 말초에 멈추어 있는데
　최적 온도로 발효된 망각은
　문 여는 순간 세 발짝만큼의 기억법으로 되살아나게 조작된다
　간을 씻다가 바위에 말려놓고 사방 천지 돌아다니는 짐승이 되어도
　일생 알약만 잘 챙겨 먹으면
　떼어 낸 자리 붉은 피 다시 돌아 붉은 꽃대 올릴 거라는
　거짓말도 신화가 된다
　믿음은 버려서 채우고 잃어서 구한다
　먼저 간 기억은 어느 바위 위에서 바싹 말라가고 있을지
　소금밭에 심은 마늘을 먹고도 인간이 덜된 나는
　어는 점과 녹는 점 근처에서 꿀맛 같은 생의 기억을 지웠다
　염분을 잃었으니 단맛도 버린다
　산자의 냉장고※ 청소
　끈 풀어 온기 채운다, 떼어 낸 장기 빈자리에.

　※김완의 『죽은 자의 집 청소』 제목 참고

밥 먹었어요 외 1편

박 정 자

하루 세끼
끼니때마다
밥만 먹고 나면
나도 모르게 하는 소리!
"밥 먹었어요"
수십 년 동안 혼자 해온 말!

약골인 나에게
마지막으로 한 할머니의 말
"밥 먹었냐?"
그 대답을
내 나이, 할머니 가실 때 나이가
다 되어 가는 지금까지
하고 있는 것이다

"듣고 계시지요?"

코로나19의 강

아무도 가본 적 없는
처음 맞닥뜨린 강
깊이도 모르고
물살도 몰라
얼마나 어떻게 위험한지도
전혀 알 수 없는
그 강을 건너야 하기에
나라마다
시험 도강에 나섰다

국가대표 뽑을 겨를도 없이
온 국민이 도강 선수가 되어
한 발 한 발, 조심 또 조심
문제의 강을 건너고 있다
낙오자를 한 명이라도 줄이기 위해선
혼자가 아닌
함께여야 한다
낯선 길을 하나하나 알아가며
마지막 안도의 점을 찍을 때까지
멈출 수가 없다.

그 자리 외 1편

박 진 남

이제는 예전 자리로
되돌아서 가렵니다

걸어 보고 달려 보고
날아올라도 보았지만

소리며 모습이 없는
그런 자리로 가렵니다

발걸음을 멈추고 서서
부는 바람과 입 맞추니

이 세상의 온갖 존재
이름뿐인 허공의 꽃들

둘 아닌 하나의 자리
곧바로 찾아서 가렵니다.

무아

나 없고 너 없으면
우리들마저 없을 텐데

나는 나 너는 너라고
왜 그리 선 긋는 건가

그대 육신 그대가 아님을
여태 알지도 못하고서

나 없는 무아의 진리
늦게라도 깨우친다면

너와 나 근본이 같은
우주 본체요 대아인데

어찌해 나는 나라고
틈만 나면 고집을 부린가.

장수사진 외 1편

박 향

나를 안고 왔다
또 하나 수선화의 전설을 만들어도 좋을

봄 여름 가을 겨울
꽃샘바람까지 숙성되어 있는 미소로
웃고 있다
희미한 얼룩을 찾아 지우며

언제인가
아들의 가슴에 안겨
앞서가며
먼 길 열어 줄

그때도 이렇게
웃고 있을까.

해바라기

정말 사랑했나 보다
가슴 까맣게 타는 줄 모르고

다시는 사랑하지 않으리
노란 눈물 감추며

가득 품는
타는
그리움.

노을 기도 외 1편

박 현 조

7부 능선 노을 직장을 출퇴근하면서
청양 화성에서 홍성 내포까지
왕복 2시간 동안 감사와 안전을 위한 기도를 바친다
아침 7시에 출발해서 저녁 7시에 집에 돌아온다
여름에는 밝고 상쾌하지만 겨울에는
별빛을 보며 나가서 별빛을 보며 퇴근한다
나는 공직을 은퇴한 후 8년째 근무하면서
휴일이면 텃밭을 가꾸며 자연과 벗이 되고,
황혼의 나이에 노을이 붉은 하늘 아래서
아내와 손 모아 묵주 기도를 한다.

녹슨 트렁크의 입

자동차 안에서 일어난 일들이 30년 이상 트렁크 속에서
숨을 죽이고 잠들지 못한다
차를 바꿀 때마다 옮겨 담은 부스러기들,
살아가는 일상에 가려 입을 여는 것은 뒷전으로 밀려 있다
7부 능선을 넘도록 살피지 못한 일들의 부끄러운 과오들,
자동차보험 처리 내역 등, 이기적 생각으로 상처를 주었던 일들
하늘에서 천둥번개가 호령할 때에도 흔들리지 않는 트렁크의 문
가을 비바람이 낙엽을 흔들어 녹슨 트렁크의 입을 열었다
"주여 사랑하는 못난 자식을 용서하소서!"

명태 외 1편
― 북어

박 화 배

동해 바다 차디찬 물결 헤치며
떼 지어 다니던 푸른 기억이
아직 너의 몸뚱이에
흔적으로 남아 있어
밤마다 바다로 가는 꿈을 꾼다

대양을 누비던
말라빠진 너의 근육은
여전히 파도 소리에 꿈틀거리고
퇴화된 너의 은빛 추억은
갯내음에도 부르르
침묵으로 굳어진 아가미를
들썩거린다

굳어져 박제된 너의 육신은
언제나 바다로 가는 꿈을 꾸고
현실에 자유를 박제당한 나도
밤마다 너와 함께
넓은 바다로 가는
탈출의 푸른 꿈을 꾼다.

별

어느 하늘 한 쪽에 떠 있다가
여명의 빛에 사그라든다 해도
너는 나에게 있어서 별이다

별이 흔들리도록
바람은 얼마나 많은 날 동안
내 상념의 뜰에서 키워 온 갈대를
기다림으로 물들여 왔는가

그저,
너는 때를 가리지 않고
장소를 염두에 두지 않은 채
그렇게 하늘의 어느 한 쪽에 떴다간
꿈속으로 흘러 들어와
내 의식을 채색하고
새벽을 맞이하곤 했다

매일같이 가슴속에서
그리움으로 피어나
어두운 심연의 숲속 그 너머에서
머무는 별은
아무 표정 없이 그렇게 서 있기만 해도
내가 살아야 하는 의미를
찬란한 푸르름으로 키워

무성한 인생의 나무로 서 있게 했다

가슴이 시려 온다
그리움의 껍질을 깨고
또 하나의 별이
오늘밤 하늘 어느 한 쪽에 피어나려나 보다.

전통의 마음 외 1편

방 정 순

전통의 자수를
마음속에 품고 살며
한생애를 겪어 오면서
마음의 눈을 온통 손끝으로 전달하며
할 수 있는 한
노련한 경지를 보여 주려 하는
내 마음속에 간직하며

누에고치에서 꽃이 피고
새가 꽃가지에 앉은 작업을 한다.

전통을 이어 가려는 내 마음
한 치의 오차도 없이
끈끈이의 풀처럼
한번 접착이 되면 떼어 낼 수 없듯이

접착제보다 끈끈이 풀보다 더하는 내 마음

세월 속에 고이 간직하며
대대로 이어 가리 전통의 미를.

금수강산 농부

삼천리 금수강산
제아무리 좋다 한들
내가 사는 내 고장만 하오리까
머리에는 수건 매고
손에는 호미 들고

기름진 옥토 오곡을
가꾸며 산다
땀방울에 얼룩이 지고
모시 적삼 삼베 적삼 등판이 나도

추수에 계절이 오면
곡간에 차곡차곡 채워 놓고
쥐도 한 섬 새도 한 섬
골고루 나누며 사는

우리 농부에 마음은
언제나 풍성한 가을이랍니다.

광대 외 1편

배 | 순 | 옥

홀린 듯
화려하게 화장을 하고
내밀어야 할지 디밀어야 할지
곤추선

그가
꾸역꾸역 토해내는 걸
보았다

그늘에 눌어붙은 소리까지
심장에 도르르 말아
건드려 발기시키는
야성의 몸짓

웃는 듯
우는 듯

체관마다
생을 다시 낚아채려는
저 번뜩임

몸뚱이 구석구석
벌건 구토가 가득하다.

탄생

검은 건반이 손가락 끝을 움켜쥐고 안간힘을 쓴다

허공 속

흰 눈 같은 생명 풀어놓으니

열 손톱에 피가 낭자하다

건드릴수록

아랫도리를 휘젓는

저 울음

필사적이다.

억새 외 1편

배 | 종 | 숙

잎과 잎 사이
그 눈빛 마주 보며 흐느낀다

가슴 파고든 싸늘함도
그리움 머금고서 한 발짝 물러선다

하얗게 멍든 가슴에
와글와글 추억들을 줄 세우며

속울음은 은빛 날개 속에 감춰 두고
바람의 등에 업고 하향할 차례 기다린다

꼿꼿한 허리 길게 세우고
돛 단 듯 나풀거리며.

이 계절에

길가에 우수수
떨어지는 낙엽
바람의 언어로
새겨진 문장들

파란 하늘에 번지는
햇살의 미소
옷깃 여미게 하는
바람의 포옹

생의 이별 고하는 생명들
모진 땅에 뿌리 내릴
소망으로 설레는가

옹골찬 모습
빙그레 설레는 마음
희망으로 미틈달을 달린다.

잃어버린 시간을 찾아 외 1편

배 진 수

존재는 얼마나 많은 부재였던가

무심해진 빛깔 속으로
잊혀진 것들은 부재가 되었다

부재는 얼마나 많은
존재의 외로움이던가

꽉 찬 녹음 아래 숨어 핀 배암꽃같이
문득 아리는 그대
가을 속으로 떠나간 그 여름 같은

떠나야 올 수 있는 먼 귀로의 여정에서
숙성된 와인빛 가을
그대 그리고 나의 잃어버린 시간 속으로.

바람과 눈

흰 눈 내리는데
그리운 건 먼 산입니다

흰 눈 쌓이는데
소복한 것은 빈 들입니다

그리움 먼 산에 두고
빈 녘 더듬는 풍설의 방랑

이 산 저 산 하냥없이 불러 거니는
기다림보다 시린 눈발이여

거리로 골목으로
흩날리다가 쌓이는 게
그리움 닮은 당신입니다.

구운 감자 셋 톨 외 1편

변│보│연

구수한 냄새
차 판에 감자 셋 톨
쭈그러진 얼굴 거울 속 자화상처럼
볼품없는 모습에 실망스러웠다

깜작 한 알 벗겨
한 볼테기 씹는 맛이 일품이네
겉 보는 눈, 속 보는 눈 그 맛은 하늘과 땅
그렇게 다를까

겉만 보고 판단하기 쉬우나
그 속 내면도 깊이 있게 바라보는 안목
참맛을 알아내는 밝은 눈매

늙는다는 것은 그 속이 잘 영글어 볼품 있고
다른 사람에게 즐거움을 주며
그 연륜만큼 속이 알차게 꽉 차 빈틈없는
삶을 살아온 증표로 등을 밀어낸 세월이어라.

비 오는 소리

비 비가 옵니다
봄을 시새우는 눈물인가

설한풍에 떨었던 바윗돌 이마에도
땀방울이 흘러내리나 봅니다
꽃망울로 매달린 아슬아슬한 물방울들

겨우내 몸살 타 들뜬 마음 부풀려 놓고
숨 고르는 소리 귀청을 울립니다

벌써 봄은 왔다가 뒤도 돌아보지 않고
여름을 향한 꽃잎이 사라진 자리
녹음이 달려오더니 초록의 푸른 잎은

가을 준비를 하느라 바쁜가 봅니다
아, 너무 빨리 가버린 바람 소리여.

낙지 외 1편

서 정 원

어쩌다
어부의 손에 붙잡혀 와

불판 위에 한생을 내려놓고
고문의 진수를 학습하다
허공을 내닫는 마지막 저승의 길 활주로에서
승무를 추는 몸

열반에 들어 중생들 입 속을 얼얼하게 하는
눈에 보이지 않는 종언
낙지의 색즉시공

나는 그만 합장하며
공즉시색으로 화답하다.

자식

반백년 초로初老의 새치 머리 이고
어미 아비 날개 쭉지 파고든다
태평양 바람 타고 구름에 실려 간 너
오늘은 비바람 부는 아우네 장터※ 옆
풍산공원묘지에 누워 계신
할아버지 할머니 앞에 무릎 꿇고
큰절을 올린다
한 목소리 무덤 속에서 들려온다
"얘야 친손주가 왔구나 비가 오는데도
그래 미국 사는 게 어떻더냐 니 애비
지구를 떠나가면 찾아올 핏줄도 없어
걱정이구나
꿈속에라도 가끔 찾아오너라."

열흘이면 떠나갈 이별을 위해
과거를 헤매는 어미 대신에
때묻은 핸들 잡고 맛집 순례한다
육개장 감자탕 순대국밥 우거지갈비탕
부대찌개 김치찌개에 환한 얼굴
길들여진 고향의 맛 잊지 못해 떠도는
애비와 아들의 어깨 위로
따사로운 가을 햇볕이 비추고 있다.

※유관순 열사 고향

아가페 외 1편

석희구

근본이 사랑이신 신神이
죄인 아담 이브를 위하여
대신 죽어 주신 숭고한 사랑
살신성인의 진선미 아가페*

아가페에 취하니
두 사람이 벌거벗었어도 부끄럽지 않는
등신等神이던 원작의 아담 이브가 되고
진선미애眞善美愛의 십자수를 놓으며
영장 본연의 천국 인생 살게 하시네

아가페에 취한 아담 이브
선악과의 페르소나 벗은
에덴의 유토피아로 고상하리라.

※아가페: 신의 사랑

사노라면

사노라면,
어찌 힘들지 않으랴!
고해에 일엽편주一葉片舟일지라도
풍파의 나날에 인내의 노 저으면
험한 바닷길 추억하며
행복의 포구에 닻을 내리리라

사노라면,
오르막길 내리막길
산전수전 눈물의 나날일지라도
하늘 뜻에 맡기고 보듬어 순응하니
옛 일을 추억하며
행복을 속삭이는 날 오더라.

남은 길도 함께 외 1편

성 | 명 | 순

비록 한 종지 빈가의 소박한 반찬일지언정
따뜻한 밥에는 정성을 다하였소
굽이굽이 걸어온 길 눈물 고였던 자리에도
한 송이 산국화 곱게 흔들리는 시월의 하루

아침밥을 먹고 나아가
거느린 가족을 위해
걸친 옷자락 흠뻑 젖도록
넉넉한 나락을 맺게 하였소

여기까지 돌아온 길
생각해 보면 그저 하루의 오전 한나절
이제 또다시 어줍은 솜씨로
정성을 다하여 점심상을 올리오니

남은 한나절의 길도
어깨를 나란히 함께 하소서
흘리신 땀으로 이룬 저 들녘
가을하고 우리 사랑 저녁놀로 걸릴 때까지.

사랑할 날이 얼마나 남았을까

저녁놀 비낀 언덕에 홀로 서면
누군가 내게 속삭이는 소리 있어
사랑할 날이 얼마나 남았을까
꿈결처럼 흘러온 한나절
미처 못한 가슴속의 말들

사랑할 날이 얼마나 남았을까

이제 더는 마음 조이지 않고
부드러운 언덕을 넘는 구름처럼
바라만 봐도 좋을 남은 날들아
가슴속에 담아 두었던 말
저녁 하늘 불을 지피는 별

사랑할 날이 얼마나 남았을까

만남이 있기에 이별도 소중해
그 순간 아끼지 않아도 좋을 말
사랑해 고마워 힘들지 안아 줄게
손을 저어 아니라고 하지 않을
따뜻한 눈길로 전하는 마음아

사랑할 날이 얼마나 남았을까.

룸미러 외 1편

손 나 래

시내버스 손잡이에
해골들이 주렁주렁, 흔들린다
가죽을 덮고 있는 해골들
아직은 살아서 포장된 덩치들이
삶의 약도가 조립된 시간에 따라
세월이란 버스에 박쥐처럼 매달려 있다
지난밤 꿈자리에서
새벽을 소화시키지 못한 덩치가
새 부리만큼씩 하품을 조각내며
과속 방지 턱을 넘을 때마다
침대가 덜컹거린다
교차로 지날 때에는 더듬이를
곤추세우는 눈의 주파수들
지나가던 생각이 붉은 신호등을 받으면
생의 멀미가 정지선에 멈춘다
커브를 돌 때마다 반환되지 않는 인생
삶의 정류장에서 오늘을 환승해 보지만
알리바이는 불행해 보인다

"잔액이 부족합니다" 하는 마이비 카드처럼
잔고가 바닥난 바닥 인생들
처진 날개를 파닥이며
아스팔트를 게워내고 있다.

비정규직

'목이 잘려도 천년을 살아온
부처를 생각해 본다'
미처 부처가 되지 못해도
목이 잘린 사람들은 걸어 다니고 있다
지하철과 버스터미널에도

목에 풀칠을 단단히 하지 못한 사람
목이 떨어져 피를 흘린다
이차돈의 잘린 목에서는 흰 피가 솟았다는데
요즘 사람들 검은 피를 흘린다
넥타이가 흘러내린다

흘러내린 넥타이들이 목을 찾아다닌다
새로운 목에 자세를 고쳐 매기 위하여
목 잘린 닭이 피를 뿜으며 방향 감각을 모르듯
공원과 광장을 찾아다니며
수화를 하고 있다.

납매臘梅 외 1편

송｜연｜우

내 엄지손톱만 한 노란 꽃
서둘러 피는 향기마저 맑다

섣달그믐쯤 바람결에
은은하게 피는
여남은 장 꽃잎
봄의 치맛자락을 이곳으로 끌어당긴다

찬바람 속 당당하게
봄을 알리며 계절의 문을 열고 있다

나는 꽃이 귀한 구랍에 울고 싶은데
오목한 얼굴로
송이송이 방글거리니,

묵은 그리움을 껴안고
엷어진 겨울 끝자락에 서서
눈길은 한사코 꽃잎에 숨어 든다.

연꽃을 바라보며

진구렁에서 나온 연꽃
연잎을 구르는 물방울이 반짝거린다

티 없는 물꽃
여럿이 하나의 물방울로 모여
피워낸 꽃 한 송이

눈부신 아침이 앉아 있다

깊고 넓은 물빛
소리 없는 서로의 배려로
초록빛을 사무치게 지킨다.

산골 마을 외 1편

신동호

젖먹이 어린아기
배고파 울고
칠십 넘으신 할아버지
우유병 쥔 손이 떨려
제대로 아기 입에
대어 주질 못한다

여드레장 재 넘어 장 보러 간
할머닌 아직 돌아오지 않고

병원 간 며늘아기 병간호 떠난
아들애가 빨리 와야 할 텐데

9월 가을 하루해가
서산에 일찍 저문다

산골 마을
초가집 저녁.

서강

강물은
여름을 지나
10월로 흘러갔다

갈대숲
흰 머리맡에 메마른
초겨울 바람

내 젊은 푸르던 세월이
마지막 배를 기다리는데

불 꺼진 강 건너
작은 마을에도
이 겨울이 가면
다시 또 봄은 오겠지

저!
내 앞에
저무는
11월 세월의 강.

임플란트 외 1편

신 사 봉

하마처럼 크게 벌린 입 속으로
불도저를 투입하여 붕붕 갈아엎는다

썩은 기둥 헐어 버린 공터에
집수리하는 드릴 소리 요란하다

수차례 벽을 헐고
듬성듬성 쇠기둥 박고
하늘 지붕 덮는다

하마도
동굴 속 어두운 기억이
하얗게 변하는 공포를
참아야 하는 걸까

층간 소음

미친 발소리가 천장에서 쏟아진다
닫았던 귀를 또다시 친다
덧난 고름이 출렁이는 방
벽과 벽 사이 흘러나온다
감정을 아무리 지워도
수많은 가지들 흔들린다
기울어진 그늘
저벅저벅 침입 소리
무기를 든 아집들이 흔들어 댄다

사랑과 우정 외 1편

신 윤 호

친구라는 단어는 어딘지 정감이고
어쩌면 사랑보다 가까운 사이다
진정 든든하고 믿음직한

행복으로 가는 친구가 되고 싶구나
곁에 없어도 마음 든든한 우정
서로를 격려하고 위로해 주는 친구
언제나 함께하는 우정의 증표

아무 말이 없어도 같은 것을 느끼고
함께하는 동행이 아니더냐?
비록 어설픈 일이 있어도
마음 담아 두지 않고

바로 내리는 게 우정 아니냐
언제나 돈독하고 진실한
친구가 되고 싶구나.

열정적인 삶

황혼에도 열정적으로
사랑도 더욱 열심히 노력하며
일상 일에도 더욱 열심히 노력하면
청춘이 무상합니다

마음먹기 달여 있는 인생
자축하지 마시고 더욱 노력하면
청춘이 무엇인지 모르며
생각하는 대로 되어 가는 게 인생입니다
운동을 열심히 하시면 청춘이 무엇인지
마음을 접으면 인생도 젊어집니다

넓혀 있는 게 노후에 잡을 수 있는
화려함뿐인가요 나가 보십시오
세상은 참으로 밝고 밝은 세상입니다
금에도 집착하지 마시고
가진 것은 더는 바라지 마시고

절대 황금에 눈을 돌리지 마십시오
젊음에 힘을 가져 보십시오
젊음은 참으로 좋은 것입니다
그 젊음이 한 힘입니다

세상사 두려울 게 없습니다

황혼도 풍요로울 수 있습니다
건강을 잃으면 안 됩니다
힘을 내십시오
나가시면 천지가
취미대로 있습니다
용기를 내십시오. 지금.

무등산의 위용 외 1편

신 해 자

무등산에 폭포 쏟아지고
별빛 쏟아지는 밤
초승달은 징검다리 건너
광주천은 옥구슬로 흐른다

정의와 한이 서려 있는 빛고을
죽음에서 깨어난 맑은 영혼의 외침
숭고한 민주화의 정신이 꽃핀
5·18 광장은 민주 성지로 태어났다

무등산의 큰 기상
하늘문을 여는 천왕봉
주상절리 서석대
억만년 솟아오른 태양
눈부신 슬기와 지혜
우주를 향해 용틀임하는 기세

세계 속으로 승천하기 위한 발돋움
무등산은 국립공원 국가지질공원
유네스코 세계 문화유산에 새겼다.

어금니

반평생
삶도 씹고
사랑도 씹고
아픔도
미움도 씹어 삼킨
미처 맛을 알지 못한 채
새김질로 길들여진
어금니

이제 겨우
씹어 삼킨
삶과
사랑과
아픔과
미움의 맛을 알 만한데

뽑아야 한다니
오복을 누리지 못하고
복 하나 빠져나감이니라.

꿈의 결실 외 1편

심 종 은

씨앗을 뿌렸다
며칠 후 싹이 돋아나며
꿈주머니를 만들었다

꿈 다투어 피어난 모양새는
물먹이 따라
저마다 갈래 뿌리를 내려
튼실한 미래를 열어 갔다

생긋이 피어나던 어린 잎 표면에
귀여운 파장이 일고
꿈결 지탱해낸 연륜이
고스란히 가지에 담겨졌다

세찬 비바람에
고약한 거름 내음에
피고 지던 시간의 흐름이
마침내 알차게 머물렀다
꿈의 결실을 바라본다.

공허 · 2

찬 기운이
다가서지도 않았는데
벌거숭이 나뭇가지 끝
간신히 매달려 떨고 있는
잎사귀 하나
허공을 마냥 적시운다

허름한 술자리 함께 어울렸던
코흘리개 단짝 친구
엊그제도 만나
주안상을 신명나게 두들겼는데
단 며칠 사이 날아든 부고장
인생 참 더럽다.

포기하지 않은 꿈 외 1편

안 병 민

혹시
도전에
실패했다고
꿈은 포기하지 마세요

혼자가
아니기에
노력하면 포기하지 않은
꿈은 이루어집니다

나도 한때는
입시에 낙방을 하고
나날이 한숨과
절망으로 가득차 있었습니다

그러자
가뭄에 단비 같은 말씀
야야 기죽지 마라
세끼 밥 못 먹겠느냐?

꿈이 있으면
조금 늦으면 어떠리
어머님의 그 말씀에
용기 내어 살아온 에움길 여정입니다

어느덧
내 인생길
이제 고희 넘어
돌아보니 행복을 줍고 있습니다

당신도
꿈은 포기하지 마세요
햇빛은 차별하지 않고
숫눈길도 골고루 비춰 줍니다

봄처녀

봄처녀가
그대를 닮아
상큼한 봄꽃이 되어
아름답습니다

그대가
오신다기에
길목마다 꽃등을 밝혀
애타게 기다립니다

하이얀
밤길이라
에움길로 오시는가
내가 그 길로 가고 있습니다.

거미 외 1편

안숙자

오늘이 가고 나면
다시 내일이 올 것만 같아
뒤돌아보면
경계를 짓고 있는 마을

저녁밥 짓는 연기가
구름으로 뜨면
세상은 안식을 안으려
어둠에 익어 짙어 가는 밤길 위에
이리저리 걸쳐 놓은 은현

거기에 기쁨도 걸쳐 놓고
거기에 슬픔도 걸쳐 놓고
기다리며 사는 거미.

찔레꽃

바람결 손짓 따라
이리저리 흔들려
세월을 털어내는 하얀 슬픔

떠나지 못한 매듭
잎사귀에 수없이 엉켜
세찬 여울 물살로
가슴에 안기는 시간

짙은 향기 절어 부푼 꿈
그리도 찔려서 아프지만
별빛이 눈을 뜰 때
모두 쓸어 담아

뉘에게 바치려나
결 고운 마음 깃든
하얀 찔레꽃.

시간이 멈춘 듯 외 1편

양 지 숙

은빛 낮게
사락사락 내려앉는다
한 숨 두 숨 비늘이 제자리에서
멈칫멈칫 쳐다만 본다
낚싯대 그림자 명상에 빠진다
그대는 가만 있어도

좋다

서로 제자리에 있다면
물비늘도 몸을 누워 버린 그날
침묵이 앉아서 은비늘 튕겨내며
끌어안아
표정을 잃어도
그렇게 옆에 있다면.

여름 저녁

그 작은 뜨락에서는 이야기를 잊었다

달큰한 향이 마당을 덮고
작은 새 한 마리 날갯짓에
가까스로 바람 한 줄 흐르는
나른한 저녁
저만치 무리져 있는 산이
발그레 볼을 붉힌다
느릿느릿 냉차를 옮겨 놓고
편지 한 줄 읽을라
의자에 등 붙이면
먼 산 하늘이
뉘엿뉘엿 취해 간다
고양이 하품보다 더
호젓한 저녁
여름 향기가 연보라로 물들었다.

바람난 여자 외 1편

엄 원 용

　그들은 길거리에서 오며 가며 만났다. 그리고 사랑을 하고 결혼을 했다. 자식을 둘이나 낳았다. 여자는 차츰 가난하고 답답한 삶이 싫어졌다. 딸들이 스무 살도 되기 전에 바람이 나서 가출했다. 백방으로 찾았으나 소용이 없었다. 얼마 후 여자가 찾아와 이혼을 요구했다. 잘사는 사람을 만났다고 했다. 이혼을 해주었다. 가서 잘살라고 했다. 그런데 들리는 이야기로는 삼 년도 못 가서 헤어졌다고 한다. 여자의 바람 때문이었다. 다시 만난 남자는 조강지처가 있었다. 여기서도 몇 년 못 가서 두 집 살림이 들통이 나서 본처에 의해 내쳐졌다. 여자는 길거리를 방황했다. 어느 날 머리가 하얗게 센 남루한 복장을 한 늙은 여자가 찾아와 문밖에서 오들오들 떨고 있었다. 자세히 보니 바람난 여자였다. 기가 막혔다. 남자는 여자가 처량하고 불쌍한 생각에 들어오라고 했다. 두 딸은 저런 여자를 어머니로 둔 적이 없으니 어서 돌아가라고 목소리를 높였다. 여인의 눈에서는 후회와 서러움의 눈물이 닭똥같이 뚝뚝 떨어졌다. 남자가 말했다. 너희를 낳아 준 엄마이고, 내 조강지처다. 이보다 더한 큰 죄를 저질렀어도 용서해 달라고 하면 받아 주겠다. 본래 그런 성정性情을 가지고 태어난 사람이 자제하지 못하면 이렇게 된다고 한다. 너희 어머니가 그런 여자다. 아이들은 '아버지 바보야?' 하고 울부짖었다.

사랑은 롤러코스터

사랑은 롤러코스터 같은 것
부부라는 놀이동산 레일 위에 설치된
열차를 타고 높은 곳까지 올라갔다가
빠르게 미끄러져 떨어질 때,
아악~ 소리를 지르면 다시 올라간다
다 끝났다 생각할 때, 다시 올라가는 사랑의 놀이
그래서 부부는 사랑의 롤러코스터를 타고 또 탄다.

우주에 대하여 외 1편

오 병 욱

별들은 헤아릴 수 없이 많고
허공은 얼마나 큰지 알 수 없고
나는 얼마나 작은지 알 수가 없지만
날마다 순간마다
마음과 몸으로
삶의 길을 살며
우주의 품속에서 있음을 감사한다.

허공이고 존재이다
변화이고 불변이다
신비이고 과학이다
그리고 한몸이다, 우주는.

참 좋은 세상

내 밥그릇 챙기는 것도 모자라
남의 밥그릇까지 챙겨 가는 것이
잘사는 것으로 여기기도 하지만

아픈 다리 쉬어 갈 그늘 주는 나무
목 축여 갈 물을 주는 시원한 산간수
외로울까 손 흔들며 방긋 웃는 풀꽃들
배고플까 감나무 홍시 알 떨구는 세상

근육 자랑하는 우람한 팔뚝보다
강제로 골 메운 웃음 잃은 얼굴보다
눈 비바람 부는 날
몸 피하라 바위 동굴 주는 세상
어두운 밤길 잃은 나
반짝이는 별 보고 길 찾으라는 세상
나는 외롭지 않아!

비가 오면 떠오르는 당신 외 1편

우 태 훈

하나의 물방울이 대양을 꿈꾸던 시절,
당신과 나는 나란히 대양을 향해 달리었죠
두 개의 물방울은 하나로 합쳐지지도 못하고,
서로 다른 물방울과 합해져 가던 길을 가게 됐죠
계곡을 지나 강을 지나 바다에 이르렀고,
대양에 도착했죠. 그러나 서로 만나 볼 수도
합해질 수도 없는 난감한 상황이 벌어졌죠
그들은 수증기가 되어 하늘로 올라갔고,
구름 속에서 비가 되어 다시 땅으로 폭포처럼 떨어졌죠
만날 수는 없어도 비가 오면 떠오르는 당신.

조난당한 사랑

꿈과 사랑을 갖고 당신과 나는 여행을 갔죠
그러나 얼마 못 가서 우리가 탄 배는 빙산을 만나
조난을 당했죠
당신은 나를 찾아 이곳저곳을 찾아보고,
나는 당신을 찾아 이곳저곳을 찾아보았죠
그러나 당신을 찾을 수는 없었고, 우리를 태운
거대한 타이타닉은 침몰하고 말았죠
그가 가라앉은지 한 세기를 넘긴 지금
혼비백산한 슬픈 눈이 쭈그리고 앉아서 당신을
만날 수는 없다는 걸 알면서도.

부르는 소리 외 1편

원 수 연

부르다 울부짖다
큰소리로 외쳐 대다

한동안 지쳤는지
구름 찾아 누워 쉬나

갈대도
슬픔에 젖어
몸을 떨며 우네요

어떤 손짓 유혹에도
눈길 한번 주지 않고

단 하나 그대에게
전해줄 나의 영혼

한자리
돌이 되어도
나는 그댈 부를거요.

구룡골을 걷다 보면

치악산 구룡골을
천천히 걷다 보면

구룡소 물가에서
몸을 터는 용의 자세

드디어
천년을 질러
힘차게 솟구친다

뒤이어 거북이가
머리를 들고 나와

용의 뒷모습 짚어
눈여겨 지켜보다

이윽고
다음 천년을
또 그리고 있었다.

그리움의 숨결 하나 묻어 외 1편

유 | 나 | 영

봄나들인데
자운영이며 할미꽃이 눈에 접히지 않습니다
물여울 구름처럼 밀리는 자리인데
송사리며 붕어가 놀아대고 있지 않습니다
돌담이 줄지어 늘어선
고향 어귀 같은데
칭칭 감아 조이는 잊어버린 세월 때문에
손짓하며
아우성치며
어깨동무하자고 뛰어오는 친구가 보이지 않습니다

바람은 불고
혼자 언덕 너머에 이를 때까지
노래는 시름겨운 내력을 물어대고
어머니 가슴에 묻었던 어린 날의 숨결이
나부끼는데
그리움만 봄날 꽃잎 우수수 지듯 나부끼고 있습니다.

신성리에 묻은 사람

그때 그 사람
풀포기에도 묻어서 숨 쉬는 사람
꽃 대궁에 꽃으로 돋았으면 싶다

무수한 날들을 두고
강물이 갈대숲을 후비듯
기억 저편으로 그리움은 신성리 갈밭을 쓰다듬고
나는 여기 서 있는데
무성한 바람만 갈밭에서 서걱대고

그때 그 사람
금강물 위에 떠오를까
지나가 버린 뭇 이야기 갈밭에 숨어
피어오르는 국화에도 묻어 오를까

나는 신성리 갈밭에 왔다
돌아오지 않는 세월을 띄우고
돋아난 빛다발 하나 찾아 손에 들고 싶어서
가을 갈밭에 와 있다.

고요한 시간 외 1편

유병기

새벽 두 시 반
만물이 조용하고 고요하다
왜 사는지 어디에서 왔다가 어디로 가는지
내 안에 또 다른 자아
벽 속에 벽 문 안에 문 자아 속에 자아
세포 분열 자아 분열 나아가 정신 분열
어디에서 왔니 화성 금성 목성 토성
존재와 실존들 현실과 이상
영적 세계 천국과 지옥 마귀와 천사
실낙원 영원한 파라다이스
영원 세계 죽음 이후
작년에 돌아가신 아버지 몇 달 전에
가신 어머니는 어떤 모습일까
육체 안에 갇혀 비우지 못하고
다 내려놓고 다 비워내며
다 사랑하고 다 내어 주고
명예도 지식도 사랑 애정까지
나비나 새처럼 자연 속으로
오! 신이시여
파도야 날보고 어쩌란 말이냐
밤아 그대로 머물러 다오
새벽이 오지 않기를
해야 제발 뜨지 않기를
달아 그대로 쉬었다 가렴

바람아 어디에서 왔다 어디로
가는지 대답해 보렴
마귀는 호시탐탐 파멸을 노리고
어둠을 갉아 먹는 소리들
나를 지키는 호위 천사들이여
저 어둠의 심장을 예리한 칼끝으로 막아다오
흑암 가운데 방황하는 인생들을
빛으로 인도하는 호위 무사여.

뿌리 깊은 나무

어느 시인이 말하더군
시를 다작하면 그 말이 그 말이고
머리에 한계가 있어 했던 말 또 한다고
얕은 샘물은 아무리 많은 물을 내어도
깊은 맛이 없지
깊은 우물은 깊은 맛이 있어
내면 낼수록 다양하고
오색찬란한 빛이 난다
뿌리 깊은 나무는
깊은 반석의 물을 흡수하여
산소를 공급하지만
뿌리 약한 나무는 병들기 십상이며
가뭄에 견디지 못하고 쓰러진다
사상과 사고의 폭이 깊고 넓은 바위는
그 뿌리가 깊고 단단하여
웬만한 가뭄이나 홍수에 밀리지 않는다
나무는 흙과 땅에 뿌리를 뻗지만
시인은 하늘에 뿌리를 내린다
오늘도 나의 뿌리는
태양과 은하계와 하늘나라
그 어느 곳이든
자유롭게 왕래 중.

만추 외 1편

유 양 업

드높은 쪽빛 하늘 아래
넘실거린 국화 향 추억
계절의 갈피에 서성인다

풀벌레 울음소리 자취 감추고
나무의 내부 시계
오색찬란한 단풍으로 물들인다

농익은 설렘이 황홀함 수놓아
절벽 타고 휘도는 풍경
물결치는 가슴속에 휘감아
그리움 되어 속삭인다

눈길 닿는 곳마다 낭만 풀어 놓고
바위 틈 꽃은 무지개 머리 베고
나래 펴 상흔 감싸 주며
산 노을 메아리쳐 고운 사연 띄워
운치 있는 사색을 그 중심에 새긴다

불그레한 경이로움과 뜨거운 열정
하늘 하늘 전율로 휘감아
밝은 햇빛 비춘 눈부신 장관
산야마다 불태우고 있다.

추석

민족의 최대 명절
고향길 차량들 설렘을 안고
조상의 산소 찾아 추억을 보며
자연을 한아름 안고 성묘하네

송편 과일 친족 잔치 담소 나누고
자녀 손주 재롱 잔치 웃음꽃 피며
풍성한 마음들 훨훨 하늘을 나네

내 사랑 이웃 사랑 모아모아서
그네타기 강강술래 흥겨워 뛰니
큰 달님 마주 보고 화알짝 웃네.

제비가 되어 외 1편

유 인 종

봄에 피어난 사랑
여름 태양에 타오르고
가을이 떨어지는 날에도
멈출 수 없는 노래

백설이 수북이 쌓인 날에야
귀밑머리에 날으는
임의 노래임을 알았네

저 언덕 너머에 꽃사슴 뛰노는
내 아름다운 본향 집에
종소리 은은하니

임을 향한 그 노래로
당신은 봄을 빼앗기지 않았기에

양 깃에 사랑을 싣고
정녕코 제비는 날아오노라.

앙코르와트의 언덕

수미산 울타리에
날개 접은 호랑나비가

돌더미 고목을 휘감은
세월의 뿌리에 앉는다

벽화 속에 호걸은 졸고
바람은 향방 없이 불고

석양 언덕 큰 바위 얼굴에
노을만 황홀한데

지친 날개로
빈 무덤을 스쳐 간다.

청송 장날 외 1편

윤 명 학

새벽녘 별을 몰고 이고 지고 메고 거랑을 지나
한등 두등 산을 넘고 넘어온 허기에 지친 등짐장수
배가 등짐인지 등짐이 배인지
주막은 부모님 품 같은 안식처 같은 곳

댓살 평상 귀퉁이에 걸터앉으면
주모는 김이 훌훌 나는 국밥 한 그릇과
탁배기 한 사발은 목젖에 걸린 갈증과
등에 붙은 배가 제자리로 잠시 돌아오는 시간

유학인들 농민인들 보부상인들 서로 마주 보며
등짐 해온 쉰 보따리 풀고 나면
해는 중천을 지나 서산에 걸터앉을 때쯤

그제야 간 제비 한손 지게 목에 걸치고
사립문을 떠나는 길손들 뒷모습

이젠 시끌벅적하고 수많은 사연을 안고
만남과 이별 웃음과 행복을 주던 그 주막
대형 식당으로 변해 세월 먹은 오일장 되어
늙은 장돌뱅이 추억을 잃은 지 오래다

소싯적 추억 담으려 발길 닿은 대로
청송 장날 진보 장날 부남 장날 도평 장날

안덕 장날 화목 장날 옮겨 소식 안고 돌아오는
나룻배 기다리듯 청송 주막에 밧줄 묶었다.

달기골

맑고 깊은 달기골에
신묘한 약숫물
바위틈에 닭 울음 지으며 솟아나네

지나가는 나그네여
소나무 그늘 아래
병든 사람 힘든 사람
이곳에 모이면

탁 쏘는 한 바가지 탄산 맛은
병든 몸을 고쳐 주고
시원한 한 바가지 약수 맛은
삶의 생기를 찾아 주니

사람을 고치고
만물을 살리는 이곳
청송 달기골이니라!

그대 이름 바람에 흩날리네 외 1편

윤|초|화

나는 보았네
이른 봄 연록 빛 대자연이
묶음 햇살에 고개 저어 들고
적막의 한 밤을 질러
함께 지새운 이슬이
차가운 눈물 흘릴 때

나는 알았네
고요한 그대 얼굴 안에서
차올라 흐르는
언어의 강물을

낯선 계절은 어느덧 떠나고
우물가 물속에
내 모습 비추어 볼 때

사람들
하얀 얼굴로 손 흔들며
바쁜 일생을
소리쳐 위로할 때

나는 보았네
애타는 그대 이름
고요히
바람에 흩날리는 것을.

아름다움을 갖는다

아름다움이 내게 묻는다
아름다움이 그대에게도 묻는다
사랑하는가
용서하는가

나는 아름다움을 느낀다
새벽안개 속에서
흔들리는 꽃그늘 아래에서
노을 그리운 청보라 하늘에서

나는 아름다움을 담는다
그대의 고운 눈동자에서

나는 아름다움을 갖는다
그대의 따스한 가슴에.

연둣빛 찻물 외 1편

윤충선

무심천 속에 찻물이 흐르고
세상사 흰 구름 타고
훨훨
바람 속으로 날으네

흰 소가 아홉 고랑 쟁기질 일구는
구름밭
백학이 내려와 찻잔 속을 거니네

찻잔 속에 하늘이 있고
정처없이 떠가는 구름 한 조각 보이네
이 마음 실어 가는 차향
새 한 마리가 나를 이끌고
따뜻한 둥지로 데려가네.

명상

고요가 잠든 이 밤
촛불 하나 날아와
내 몸속 깊이 잠든다

끈질긴 시련
내게 다가와
사르르 녹아내리고

허허로운 기쁨에
다시 눈을 감는다.

말매미의 곡조 외 1편

윤 하 연

폭염이 극에 달하는 여름 한낮
말매미의 울음소리는
통한痛恨을 퍼올리는
포르테의 파열음이다

극악한 통곡 맴놀림으로
세속을 끓여서
휘몰이로 돌아가는 장단
난국亂國을 예고하는 비상 경고음이다

서늘한 노랫말이
불협화음으로 펄펄 끓는 것은
난국亂國의 변태 음률이다

허물 한 점 남겨두고
마감하는 말매미의 극악한 외침은
난청을 흔드는
현세現世의 파열음이다.

대나무 숲길

욕심도 근심도 내려놓고
빈 강정으로 서보라
돌아가는 시간들이
층층으로 쌓여서 뿌리를 지탱한다

내 탓 네 탓 하지 않고
허공으로 뻗는 외길
비우고 나면 바람인 걸,

햇살이 노닐다 간 자리
부대꼈던 시간들도
청청한 운율이 되어
시가 되고 노래가 되는 것을,

삶이 슬프다고 탓하지 말자
속진俗塵을 털어내면
생의 진양조가
댓잎 위에 얹혀서 방울방울 맺혀 있다.

어느 하늘 아래 살고 있을까 외 1편

윤|한|걸

물안개 핀
궁산 소리길 걷고 있는데
하늘은 자꾸만 마침표로 내리고
비에 젖은 땅은 미끄럽다

나는 어디에 있는가!
이 몸뚱이 걸치고 걷는 나는
우거진 적송 마중하며 웃는데
물소리 꽐 꽐 꽐 떨어지고 있는

작은 못가에 돌아앉은
세월은 오늘도 말이 없고
저 멀리 대학 기숙사 웃고 있다
생사를 헤매는 병원 창마다

긴 형광등 불빛만이
이 아침을 밝히고 있는데
경자년庚子年 섣달에 하늘로 간
친구는 전화도 한통 없다

궁금하네,
뭘 하고 지내는지
보고 싶다 보고 싶어
어느 하늘 아래 살고 있을까.

인생 빛

인생은 예술인가
인생은 사랑인가 진실인가
남을 속이려 들면 끝이 없고
남을 믿으려 하면 시기하고

인정도 눈물도 없이 믿고
서로 도우며 사랑할 수 있는
삶이 우리네 인생을 속여도
서로 아끼고 사랑하며

이겨내는 인내심이 아닐까
모든 일에 말이 앞서면 절대 안돼
말없이 믿고 갈 수 있는 사람
그런 사람이 진정한 보시

내가 어디에 얼마를 찬조
또 무엇에 얼마를 할 것이 아니고
못 가진 자 들으면 웃는다
모든 것이 진정한 삶에서 일어나

서로 의지하는 데서 생기는 것
믿음이 앞서야 신뢰할 수 있어
벌써 여러 사람 입에 오르내리면
별로 안 좋은 것을 명심.

시냇물에 발을 담그고 외 1편

이 근 모

나는 화산 시냇물
조약돌에 발을 담그고
고향 친구들과 천렵을 하던
추억 속의 물그림자를 들여다본다
반짝이는 물여울 사이
뿔뿔이 헤어진 고향 친구들을
물그림자에서 찾아본다

넘쳐나는 봇담 물살에
걷어 올린 장단지까지 적시며
건너다니던 그 아이들은 어디에서 사는지
쟁기의 멍에를 끌던 황소의 밧줄을 잡고
화산 내 넓은 벌에서 풀을 뜯던
그 소년은 어느 곳에 사는지

멱감으며 물장구치던
나의 옛 추억 체취의 냄새가 좋아
작은 물고기들이 간지럼을 피우며
종아리를 쪼아 주고
나는 고향의 얼굴들이 그리워서
이끼 덮은 조약돌에 미끄럼발을 타며
그들의 이름을 알알이 불러 본다.

하루살이

하루살이는 더도 덜도 없이
하룻길에 와서
하루살이로 떠나간다

단 하루살이 삶일지라도
여한 없는 생을
춤으로 와서 춤으로만 간다
만물 중에 어느 하나라도
부러울 것 없으니 소유하지 않고
후회도 미련도 없이 떠나간다

모든 것이 헛되고 헛된 한순간
일찌감치 깨달음으로 와서
허공 속 춤사위로
홀홀 날려 버리며 떠나간다

하루살이 춤사위는
영원함을 거부하는 전령이다.

가을 아침 외 1편

이 근 우

해마다 가을을 맞이하며
다가오는 감흥이 새롭다

올해는 그 무엇보다도
코끝에 닿는 바람의 감촉이
마음을 끈다

겉멋 든 우수에 찬 표정을
애써 짓고 싶지도 않고,
화려한 만산홍엽에 또다시
심장이 떨릴 필요도 없을 듯하다

끈적하고 숨 죄는 늦여름
태풍의 단말마 뒤에 찾아오는
새털처럼 가벼운 아가씨
향긋한 아침 바람의 포옹이
몸 둘 바 모르게 참 좋다.

염치

머리숱이 성기어 가며
반들반들 문어 대가리보다도
점점 더 낯 붉어지게 만드는 염치

물을 주지 않아도
뛰는 세월에도 잊을 만하면
불쑥불쑥 솟구쳐 나오는 염치

재 너머 묵힌 밭처럼
손도 못 쓸 정도로 무성해지기 전에
그나마 해 남아 있을 때
말끔히 청소나 해야겠다.

시 감상 외 1편

이 기 태

날개도 없이 날마다 날라든다
예쁜 시집들이 긴 줄 선다
집안 여기저기를 장식한다
책상에도 서가에도 침대 위에도

어느 것은 읽고 어느 것은 보고
어느 것은 소리내어 읽어 귀로 듣는다
어느 것은 외국어로 번역해서
감상도 해 본다

시는 글이며 그림이며 음악이기에
감상법에 따라 맛이 다르다

하나같이 진주고 금이고 옥이다
머리, 가슴, 손끝에서
나온 시들이 머리를 스치고
가슴을 방망이질한다

시는 요술쟁이고
시인들은 재주꾼들만 같다.

차마 못한 말 한마디

차마 안쓰러워할까 봐
건네지 못한 말 한마디는
'신의 축복祝服*을 입으셨네요'

차마 안쓰러워할까 봐
선뜻 내밀지 못한 것은
나의 거친 두 손

차마 안쓰러워할까 봐
크게 벌리지 못한 건
나의 짧은 양팔

차마 안쓰러워할까 봐
간직하고만 있는 것은
비단결처럼 고운 빛의 마음

세상엔 핑크색 사랑이 아니어도
초록 같은 사랑, 솜빛 같은 사랑
사랑을 뛰어넘는 사랑도 있더라.

※축복祝服: 축하받은 의상

경청 敬聽 외 1편

이 돈 배

조심스러운 지팡이 시각장애인
한 마당 길 건너고 있었다
점자등點字燈 영상 사라지는 조종사
곡선 그리는, 검은 연기
흐린 시야 비틀거리는 사람들
피어오르다 만 덩굴손 시들고 있었다
황백색 아스팔트 잎마름 반점
가로수 잎에 안긴 미세한 먼지
흔적으로, 짧은 빗방울 훔치고 있었다
구급차 경적으로 멈춤 휘저으며
폭발하는 굉음, 도망치듯 사라져 갔다
깊은 협곡 무너진 교각
건너는 출렁다리 깊은 나락으로
추락하는 비행飛行, 솟아오르고 있었다
어둠 찾아 피어오르는 풀꽃
하루네 졸음 깜박이는 점멸등
조급한 사람들 더 기다리고 있었다.

별들이 잠시 멈춰 서면

서녘 하늘에 찾아오는 푸른 별
재 너머 벗님네, 소식 못 잊어
억년을 기다리는 슬픈 이야기
은하 강물은 침묵의 잠에서 깨어나네

어둠이 드리우는 안식에서
오늘이 있어야 내일이 오는
사랑의 끝말 나누던 우리들

동이 트는 새벽에만 피어나는 꽃
별빛 짙게 물들인 밤하늘
더딘 발걸음 움츠리고

가는 길 긴 여정은 저 멀리에 울창하여
흰 구름은 우러러 높이 하늘 솟아오르네

상처 난 곳에서 새순은 돋아
마디마디에 맺힌 눈물, 방울방울 떨어져
별잎 사이 호흡은 점점 가늘어지고

한 켤레 남겨 헐벗은 신발을
흙먼지는 고이 쌓여 어루만져 주네.

산골 풍경 · 1,100 외 1편

이 명 우

아버님의 목소리로
집을 짓고
어머님의 노래로
꽃밭을 만들었습니다
아버님의 사랑으로
담장을 치고
어머님의 기도로
샘을 찾았습니다
이 집에 살고 있는
자식들이여
자기가 잘나서
그리 사는 줄
착각하며 살고 있습니다.

산골 풍경 · 1,108

물 한 방울 없는
바위 끝에 살고 있는 저 소나무
바람이 거세어서
허리는 굽었지만
태풍에도 날아가지 않았고
소나기 내려쳤지만
떠내려가지 않았고
폭염으로 들볶았지만
말라죽지 않았고
눈서리로 덮었지만
얼어 죽지 않았습니다
그리고도 춤추는 걸 보면
운명은 이렇게 메치고
시련은 저렇게 걷어차는
저 소나무의 지혜
어디 가 배웠나요
하늘 학교에 가 배웠습니다.

유산 외 1편

이 성 남

6·25 전쟁 무렵
실향민 아버지 처음 마련한
초가삼간 문경 황토집
벽조목霹棗木 염주 팔아
사들인 옛집

둘째아이 보탬으로 산 별채 땅
불교 '광명진언' 경탑 장사로 지은
사방 통유리 벽 스무 평 기와집
앙친정사仰親精舍 문학서실

먼먼 세월 속 영덕 살던
함흥차사 해결한 원정공신 할아버지
아버지 누누이 강조하신 지혜 닮고픈
함흥차사 정신 귀착지!

아름드리 느티나무 예닐곱
강둑에 사열하고
소쩍새 가끔 마실 오는 개여울 옆집
애들아 두고두고 지켜 주렴.

경주 사람들

까마득한 옛적
경주 평야 여섯 씨족이 세운
박혁거세의 나라
서라벌(57년) 있었다 하네

지증왕(500~514)은
나라 이름 '신라'로
아들 법흥왕(515~539)은
금관가야 정복(532년)했다지

24대 진흥왕(540~576)은
고령(고녕 – 함창)가야 멸망(562년)시켜
가야국 정복 이루었지

진덕여왕(647~654) 시절
김춘추(무열왕) 김유신 연합 기반
아들 문무왕(661~681)은
삼국통일(668년) 완수했다지.

백신 주사 맞는 날 외 1편

이 양 자

당당히 맞서면
별것도 아닌 전염병

이만저만 힘들게 하여
일상이 정지된 지 일 년여

효과 있을지 없을지
곳곳에 이야기꽃 풀어낸
긴 터널 막을 수밖에 없는
이 길

혹시나 신경 건드려
부작용 나지 않을까
대기실에 앉아
간간이 타는 가슴 밀려온다

피부로 들어가는 주사 바늘
순간의 따끔함이
곰실곰실 번지니 자꾸 불안하다

달리기만 했던 세월
방망이 쥐고 밤 깊은 줄도 모르게
젊은 날의 시야가 왔다 갔다
밤잠 가파르니 나른한 몸살

사르르 밀려온다

혹독한 여파 속에서도
마스크 벗고 다시 맞을 봄꽃
한 송이 한 송이가
치유의 꽃으로 일렁이는 날
감동을 맛볼 수 있는 그날을
기대해 본다.

푸꾸억

베트남의 최남단
이국적인 풍경 대자연 장엄하다

잔잔한 바다는 자연과 어우러져
동화 속 낙원

한겨울 피하여
때묻지 않는 여행지
빼어난 풍광에 신비로운 계절의 맛
겹겹이 숨은 진주

파란 하늘과 에메랄드빛 바다
청정 자연 뽐내며
그리움 모락모락
마음속까지 파랗다

해안길 여유로워 쉬엄쉬엄 걷다 보면
피어오른 향기
하얀 모래사장
한없는 평화로움

지금도 고스란히 이따금씩 생각나는
반짝반짝 빛나는 한 폭의 그림.

시간은 외 1편

이 영 례

시간이 둥글게 갑니다
뾰족한 삼각뿔이기도 하고
사각 팔각 마름모꼴도 있습니다
마음도 몰라주고
어렵기도 하고 알아보기 힘들어
말도 못 건네고 뒷모습만 봅니다
여전히 아쉬움을 흘리니
속도가 더딜 때는
뭉퉁뭉퉁 다가올 때도 있습니다
안쓰러워하기도 하고
반갑다고 웃어 줄 때도 있습니다
가는 시간 그 다음은
뒤가 아닌 앞모습을 간직하고픈데
미처 생각을 묶기도 전에
눈앞을 지나 머릿속을 또 점령해 옵니다
세월 사이사이, 시간이 빠지고
잊혀진 만큼 또렷이 남겨진
그림도 제법 보입니다
다음다음 그림자가 벌써
안개처럼 흐릅니다.

우리나라 꽃

부르는 소리
돌아보니 보이지 않아
다시 가는 길
또다시 부르는 소리

길 따라 붉고 희게 환하다
길게 무리진 모습
늘 보고팠기에
차창의 얼굴이 절로 웃는다

뿌리는 깊고 깊건만
바람 탓 인심 탓
마음 놓을 수 없음은
내 나라 내 민족인 때문

사랑할 수밖에
사랑일 수밖에
그 무엇도 막을 수 없는 울림
일편단심 무궁화 꽃이다.

늦가을 외 1편

이 용 부

11월
떨어진 낙엽을 밟으며
계절의 끝자락에 서성이며

너를 그리워한다
온 세상이 붉게 물들은
단풍을 보며 아픈 상처를 보듬어 앉고
가을을 떠날 채비를 하고 있다

너를 사랑한 것은
너의 고운 마음으로
빨갛게 물들어 아름다운
그림을 그리고 있기 때문이다

이제
붉은 단풍을 밟고 걸으며
겨울에 너와 만나 못다 한 사랑
이야기를 털어놓고 하자는 거다

난
너를 가지 못하게
한 모퉁이 길목에 한 손으로
꼭 잡아 놓고 싶다.

행복한 세상

경보음
깜작 놀라 가슴이 두근두근
서울종합방재센터 코로나19, 경보

하늘은
뿌옇게 뒤덮여
전국 비상 여행금지 외출금지

얼굴 가린 객
이곳저곳 검은 것 흰 것 가리고
마스크 쓰고 가리고 나타나

빼앗긴 계절
코로나19 전국 비상
방콕 두문불출 쿨룩쿨룩

코로나19 끝, 행복한 세상, 쾌적한 삶….

정든 님 사연 외 1편

이 우 재

정든 님 긴긴 사연
칠월칠석 오작교가

사랑비 주룩주룩
안고 도는 가슴팍에

추억도 맡아 준 일기
꽃씨 뿌려 파랗다.

충신애가

한강물 기적 울려 밝은 보름 출렁대며

전쟁은 죽고 산다 아픈 영웅 소리 높혀

애국심 호소한 충신 얼싸안고 살것다.

산행山行 외 1편

이재곤

오르면 오를수록
낮아지는 산에 든다

진정한 산행이란
속된 나를 버리는 일

겸허謙虛와
풍요豊饒가 있는
인자仁者의 산이기에.

※유고작

술회述懷

뜻 없이 살다 보니
삶의 자취 하나 없다

뉘우쳐 후회한들
늦은 걸 어찌 하랴

청춘은
춘몽春夢 같은 것
촌음寸陰을 아낄 것을.

※유교작

안빈낙도 외 1편

이 재 성

자연
그대로 꽃밭이요
정원일세

일을 좋아하지만
일에 빠지지 않고
술을 좋아하지만
술에 빠지지 않는
중용적인 삶

거기에는
욕망도 고뇌도
없으리라

주경야독은
부끄러움으로 얼룩진
인생의 등대 길

스스로
행복도 불행도
데리고 사네.

퇴임

푸르던 여름은 떠나고
허허로운 가을 들판에서
들국화가 한들거린다

돌아온 여기
세월이 만들어 논
우표 없는 초대장
없어도 좋으련만….

이제
금빛 햇살을 만끽하는
들꽃이고 싶다

자유로이
행복을 경작하며
노래를 부르리라
만추의 노래를….

절대영감絕對靈感을 위하여 외 1편

이정님

자욱한 아침 안개 속을
홀로 걸어온 오솔길의
땀 배인 이마를 닦아 주려고
보라색 손수건을 꺼내든
누이가 서 있다

수줍음이 많아서
서툰 순정만큼만 웃던
열여섯 누이가
제 가슴을 바늘로 찔러
홀로 된 사랑을 수繡놓던 누이가
뒤꼭지 어설프게
비녀 지른 청상이 되어
오래비 일어나기만 기다렸을까 보다
고개 숙인 채 기다렸을까 보다.

우리들의 부재不在

어두워요
불을 켜주세요
빛을 삼킨 유령들이 토해내는 새벽의 여명으로는
아무것도 읽어낼 수가 없어요
당신의 얼굴도 당신의 이름도

언제 어디서 오셨지요
어디로 가는 길인가요

허리가 기역자字로 꺾인 늙은 부부는 오늘도
그뿐인 죽순 밭에서 죽순을 꺾어 부대 자루에 담으며
나를 흘끔거리지만 나는 상관없어요
나는 이미 부재不在니까요
며칠 전에 들었던 산중 처녀의 목소리는 들리지 않아요

도회지로 떠났거든요
이왕이면 계단 끝에 앉으세요
등뼈가 잘려나간 가엾은 세상의 등에서
비명 같은 바람이 터질 때
물결로 소용돌이치다가 사라지는 영혼들

오! 해가 터졌어요. 기어이
세상을 망라하는 해가 기어이 안개를 걷고
수줍은 여인처럼 얼굴을 내밀었어요.

동강할미꽃 외 1편

이 정 자

동강의 푸른 여울 굽이굽이 바라보며
정선골 바람 소리 산자락에 풀어놓고
가파른 암벽에 앉아 외줄 타는 삶이여.

뭇 사람 발길 피해 절벽 위에 앉았어도
더 많은 인파 불러 구구절절 퍼져 가니
무위의 자연 이법理法이 잠던 의식 깨우네.

※동강할미꽃의 변종으로 동강에서만 자생하는 희귀종으로 1997년 생태사진작가 김정명에 의해 발견되어 2000년에는 세계 유일의 식물로 인정받아 학명으로 등록.

COVID-19에게

네 존재 알았으니
아예 그만 물려가라

버티고 버티다간
종족 없이 사라진다

머잖아 너의 존재는
지구에서 멸하리라.

산다는 것 외 1편

이종문

지지고 볶고 냠냠냠
사랑도 지지고 볶고
세상살이도 지지고 볶고
수다 떨고 지지고 볶고
한 세상 요지경 세상
살다 보니 지지고 볶고

흰둥이도 꼬리 치면
고기 한 점 나눠 주고
짹짹짹짹 참새도
밥 한 숟갈 나눠 주고
사람만 친구이더냐
멍멍 짹짹 지지고 볶고.

밤이슬에 젖고 있네

삶과 죽음 사이 영혼과 영혼 사이
엊그제 목소리가 귀에 쟁쟁 생생한데
잡힐 듯 잡히지 않는
그리운 모습들

슬픔과 기쁨 사이 웃음과 눈물 사이
불러도 대답 없는 눈에 삼삼 웃는 모습
반갑다! 달려올 것 같은
친구들 웃는 모습

세월이 흘렀는가 인생이 그런 건가
동서남북 우주 공간 찾아보고 뒤져 봐도
허공에 부르는 소리만
밤이슬에 젖고 있네.

기망祈望 외 1편

이 종 수

어쩌다가 그렇게 되었는지 모르겠네요
노년 여성의 몸으로 영어囹圄생활을
하는 당신을 생각하면 마음이 저리고 아픕니다

정치판이 그런 줄이야 짐짓 알고는 있었으나
매정하군요, 벌써 4년이 지났나요
묵시적 청탁 죄라고 했던가요, 어이가 없습니다
사람에 따라 동일 법조문이 달리 해석되는
세상에서 우리는 그저 속수무책입니다

엄동설한에 품속으로 파고드는 추위와
고독 그리고 생각나는 사람들, 날이 갈수록
기력은 약해지고 잠자리 뒤척이는
불면의 밤이 늘어 가겠지요

감방의 밥이야 또 오죽하겠습니까
콩밥은 아닌지요, 그러나 어쩌겠어요
그나마 그런 것들 이것저것 가리고 나면
무엇으로 힘을 추스르겠습니까, 마음 다잡고
섭생하세요, 그리고 후일을 도모하세요.

정월 대보름

부럼을 깨물어라, 귀밝이술 자네도
한잔 들게, 오곡 잡곡밥 먹노라니

휘영청 동산에 달이 떠오른다

동네 개들 무엇에 홀렸는지 여기저기서
시끄럽게 짖고 있다

앞들 물 댄 논에는 얼음이 얼어 두꺼운데
동네 사람들 달집을 만드느라
겨울 해 종일 내내 분주하고 바빴다

자, 해는 지고 동산에 달은 떠올랐으니
마을 사람들아, 저녁밥 서둘러 먹고
어서 나오게, 그리하여 달집에 불을 붙이세

불길은 점점 타서 하늘로 치솟고
화끈거리는 뜨거움이 사방으로 번져 퍼진다
아, 잘도 탄다. 타는 불 소리가 식식대고
사위를 환하게 밝히며 용감무쌍하다

불타는 달집 주변에 모여든 마을의
남녀노소, 얼굴들이 불빛에 환하다. 즐겁고
흥겹다. 아이들은 저희끼리 더불어

가로 뛰고 세로 뛰고 중구난방이다

일 년의 모든 액운을 달집에 태워 훨훨
하늘로 띄워 보내자, 그리하여 한해를
새롭고 희망차게 시작해 보자, 동민 여러분

아이들은 이리 모여라, 우리 불깡통에
불을 붙이자, 그리하여 불깡통을
어두운 밤의 허공에 휘휘 돌리며
밭두렁 논두렁으로 가자, 가서 쥐불을 놓자

순식간에 여기저기서 지옥 불처럼 타오르는 불길
무섭기도 하고 온 들판이 매캐하고 환하다

생각으로 그려보는 내 유년 정월 대보름의 삽화.

집에 가자 외 1편

이 지 언

봄기운이 가져다준 활기찬 날,
유난히도 푸릇한 봄나물 향과
비릿하고 달큰한 해산물이
난전마다 널따랗게 펼쳐져 있다

아침 바다에 맘껏 취해 있다가 잡혀 온
눈도 뜨지 못한 기다란 미역들이
누군가의 밥상에 오르기 위해
즐비하게 늘어서서 손님을 기다린다

하얀 구름을 닮은 우윳빛 음성을 지닌
그녀와 눈이 마주쳤다
그녀의 맑은 눈동자에 빠져들자
작고 여릿한 음성이 들려왔다
나와 함께 우리 집에 가자

주인 아주머니의 재빠른 손놀림으로
온몸이 구겨진 채 장바구니 속으로 들어갔다
그녀와 함께 걷는 이 길이 이승에 마지막 이별인데
그녀는 장바구니를 흔들며 뭐가 그리 신이 나는지
시장을 돌아다니며 흥겹게 속삭인다
어서 가자 가자, 우리 집으로.

안녕, 나의 노래여

물끄러미 바라본 하늘엔
로테의 눈동자에 빠진 한 사내의 이야기와
눈부시게 반짝이는 로맨티스트 릴케의 영혼이
단조로운 오후의 민낯 속에 고스란히 담겨
잔잔하게 펼쳐져 있다

애틋한 에스프레소 향에 취해 입을 맞추고,
보랏빛 안개 속에 휩싸여
흘러가는 시간의 선율을 따라
꿈꾸듯, 소녀의 뺨 위로 흐르는
한줄기 미소 속에 너를 보았다

순간 속,
너와 나의 멜로디를 기억하기 위해
가만히 맴도는 이름 하나 불러본다
안녕, 끝나지 않은 나의 노래여
바스락거리는 풀잎 끝에도
오늘 하루 나의 노래는 식지 않았네.

이슬 외 1편

이 진 석

밤새워 모은 정
남모를 눈물인가

햇살이 번지는 아침에
스스로를 바친다.

G·J

애타는 목마름으로
가슴에 넘치는 사랑 때문에
겪어야 하는 고통은
사랑을 잃었을 때보다
더 큰 아픔입니다

뼈저린 이별이 온 것도 아닌데
홍역처럼 앓는 그리움
진정
서로를 향해
기쁨이고 싶은
우리의 만남은
햇빛으로 빚어낸 기폭인다.

산다는 것은 외 1편

이 한 식

지루하던 여름도 꾸물대다가는
또 만날 수 있을지 알 수가 없다

아무리 귀찮게 굴어 대도
떠나면 늘 아쉬움은 남는 법

산다는 것은
자신을 잘 챙기는 것이다

봄은 꽃들에게 넘겨 주고
바람은 조용히 여행을 간다

바닷물이 살며시 빠져나간 자리엔
언제부터 다듬어졌는지 몽돌이 반질거린다

오늘을 살아가는 고된 삶 속에는
항상 가슴 한 쪽이 늘 아려 온다

그 안에는 우리 인생만이 느낄 수 있는
무르녹은 사랑 얘기가 살포시 숨어 있다.

오늘 따라

공을 들인 만큼 오래되어 빛나는
자연이 만든 축복도 실컷 맛보고

지각의 변동으로 붉게 물들은 풍광이
찬란하고도 아름답고 시원하다

치고 올라가는 끈기와 용기 없이는
볼 수 없는 세찬 품이 되어 준 수림 속 폭포

언젠가는 가야지 가야지 하면서도
돌아갈 수 없는 현실에 묶여 살다가

더 늦기 전에 가르쳐 줘야 하는
발걸음이 더욱 더 무겁기만 하다

문득 그 옛날이 더욱 간절해져
부모님이 너무도 그리워진다

위대한 자연의 기세 앞에 서면
너무나 무력해지는 우리 인생

자지러지던 숲속 매미 소리 들리지 않고
오늘 따라 귀뚜라미 소리가 애잔하다.

가을 장마에 외 1편

임 제 훈

맑은 하늘 기운 넘치는 공기를
희검은 구름이 가을 장마에 휘몰려
빗길 그쳤어도

하늘은 치맛자락 휘둘려
햇살에 쫓겨 겨우 벙긋
우는 듯 웃어 준다

세상이 울긋불긋
코로나19가 2년 계속
지구를 흔드는데
사람들은 마스크 쓰고
2인 4인 모임에 질려
집콕에 정신 잃고 있다.

하나만은 싫다

방을 둘러싼 벽돌 전부
창문이었음 바라던 8월
9월이니 공기에 숨었던 차가움
창문 닫을 간절함에 고개 숙인다

계절이 공기와 발맞추어
몸을 싸고 벗기다
이제 몸을 감싸는 가을
몸을 감싸는 겨울이 웃는다

눈보라에 쫓기는 겨울
해수욕에 짓이기는 여름
낮만 계속되는 세상
밤만 웅크린 세상
지루한 하나만은 고개 젓는다.

연꽃 외 1편

임 향

근심 걱정과 이웃하고
번뇌의 벗이 되어도
무지에 물들지 않는 지혜

좋다 나쁘다 분별을 넘어
있음으로 존재하는 공생

비로소
유심히 빛나는
물에 잠긴 달을 보네.

황혼

영혼의 가슴은 생사가 없고
연기의 거듭으로 영원한데

낯설은 해넘이 길
이 두려움은
아직도 남은 집착의 잔해인가

뻔히 아는 길을 이대로 갈 수 없어
비우고 비워 꽃 벙글듯
저절로 웃음이 흐드러지면
그때 가도 늦지 않으리.

낙엽의 귀로 외 1편

장 동 석

저 눈물 머금은 가을 하늘에
햇살은 모양은 없어도
나뭇잎에 닿으면 노래도 될 수 있지만
이글이글 다 타버린 채
저토록 핏빛으로 물들여 놓는다

이별의 변주곡 같은
바람이 꽃잎 위에 맴돌다가
한 잎 낙엽이 떨어져 시詩를 지어내고

그런 마력으로 혼신을 다해
잎새의 표피表皮까지 붉게 색칠해 놓고
한 계절의 기쁨도 눈물도
모진 고통까지도 하나 남김없이
영혼마저 삼켜 버린 열정
아무리 그렇다고 한들
목숨보다 더 붉은 빛깔을 띠우고 있는가

서편으로 뭉테기 져
갈지之자로 날아가는 기러기 떼
가을의 그리운 영상으로 남고

또다시 바람은 불고
빨주노초파남보 옷들로 단장한

울긋불긋 물들어 버린 운명까지도
붉게 탄 세월의 가슴에 머물지 않고
스스로 자취를 감추고 있다

수선화

아무 조건 없이
여섯 날개 팔랑개비 날리고
은은한 향기로
외로워도 웃고 마는
그래야 꽃다운 꽃 아니겠는가

도시 한복판
가지런히 가꾼 정원 한자리 차지하고
노란 화심을 머금어야 하건만
어찌 깊은 산중에
외롭게 홀로 피어 있구나

깊은 산 맑은 물
널브러진 숲속 잡초더미와 어울려
외로운 연서를 숨겨 놓고
벌 나비들의 다정한 친구가 되어 주는
한 송이 덩그러니 핀
노란 수선화

도시 정원 속
꽃답게 있어야 할 자리 잃은 채
쓸쓸하게 핀 고결한 울림이
왠지 안쓰러워서
길손도 가던 길 멈추고 가슴 적신다.

여름의 끝에서 외 1편

장│영│옥│

바람에 쉴 새 없이 흔들리는
나뭇잎
호수에 흩뿌려진
빛의 물결
청명한 하늘
빠른 속도로 이동하는 구름

여름의 끝자락을 아쉬워하며
울려 퍼지는 포효처럼
계절은
또 다른 등불을 향해 달려간다.

청춘

미래를 생각하며 산다는 건 과연 어떤 것일까?
돌이켜보면 과거에 얽매여 산 적도
미래를 꿈꾸며 살아온 적도
없다는 생각이 든다

젊음은 이미 한참 지나쳐 버린
행운의 클로버를 흔들며
나를 멀리서 비웃고 있다
다시는 가질 수 없는
눈물의 보석처럼.

해바라기에게 외 1편

장 형 주

만날 수 없기에 기다림은 서성이고
돌아갈 수 없기에 그리움은 앉아 있다

사랑하는 사람을
만날 수 없기에
가슴에 기다림이 발을 떼지 못하고

사랑하는 사람에게
돌아갈 수 없기에
마음에 그리움이 똬리 틀고 있다

기약 없는 기다림에
가슴 졸이고
사그라지지 않는 그리움에
마음이 탄다.

곁에 두고 싶은 사람

늘
곁에 있어야 할 사람
늘
곁에 두고 싶은 사람

가끔은
황소 같은 우직함으로
우리들의 울타리가 되어 주는 사람

가끔은
구석에 묻어 두었던
여린 마음으로
우리들의 가슴을 녹여 주는 사람

어느 날 문득
술 한 잔 기울이며
세상 사는 이야기를
잔 속에 담아 두고 싶은 사람.

타물폭포 외 1편

전 병 철

멕시코 시우다드 발레스
우아스테카 포토시나
에메랄드빛의 물이
길게 끈을 늘어뜨린다

분명히 이 물빛은
폭포수의 신비가 낳은
결정체이리니
함께 어우른다

높이 105m
손을 넣으면
그 푸른색이 내 몸 안으로 스미어
나 또한 푸르리

좁은 보트에 몸을 얹어
노를 젓는 수고야 어떠리
석회질이 풍부하여
이런 장관을 가져온다니

어느새 홀딱 반한 눈이 호강하누나.

삼천 명의 여인아

과연 백제에
삼천 명의 궁녀가 있었나
이들은 어떤 모습이었나
어디서 머물렀나

낙화암 언덕에 섰다니
그만한 자리가 되었나
의자왕이 그만한 배포가 있었나
이만큼의 여인을 안다니

줄줄이 굴비 꿰듯 엮어서
낚싯줄 드리우듯 던졌나
아까운 꽃봉오리 이리도 쉽게
피기도 전에 땄나

그 무슨 죄를 지었다고
이들이 심청이도 아니고
논개도 아닐 건데
거짓으로 왜 삼천궁녀라 붙였나

얼마나 여자가 그리웠으면 왕이여 안타깝구나.

초침秒針 외 1편

전│석│홍│

초속 궤도에 태워
내 생을 이끌고 가는 것은
초침입니다

초침이 재각재각 3,600번 구르면
나에게서
한 시간 이파리가 떨어져 나갑니다

영차영차 초침이 86,400번 움직이면
지구는 밤낮을 바꾸며
한 바퀴 돌고
나의 하루치 해와 달이 스러져 갑니다

나는 초침 따라 순간순간
깨우치며
버리면서
미지의 간이역을 향해 고동쳐 갑니다.

의자

보이지 않는 힘이
등받이가 되어 있는 의자 한 채

그 자리 먼저 다가가려는
꿈의 사람들
빈 구호, 눈속임, 힘 보이기
온갖 어두운 그림자가 꼬리를 문다

안개를 피우며
하늘만 바라 내달리다가
그물망에 걸려
수십 길 벼랑에 추락하는 날갯죽지들

그 의자,
잡을 듯 잡힐 듯하지만
아무나 앉아서는 안 될
맑고 밝은 참일꾼의 자리이거니.

달무리 외 1편

전 순 선

눈 들어 하늘을 보지 않는
저 지상의 속내를 도무지 알 수 없어
오늘 밤 달님은 무리를
소집해 진지한 원탁회의를 하나보다

숨조차 빛바랜 인간들에게
어떻게 하면 좀 더 수려하고
청아한 달빛을 선물할 수 있을까

무리는 하나같이
땅 위에 사는 저들의 맘이
들꽃처럼 선함으로 피어날 때
달빛은 언제나 휘영청 밝지 않겠느냐고

달님은 끄덕이며
지상의 가슴들을 찬찬히 내려다본다.

가슴이 미는 말

우리 몸에는 입이 있어
그 입으로 먹기도 하고 말도 하지

조그마한 입을 움직여
내 감정을 전하기도 하고
상대의 감정을 느낄 수도 있거든

또 현란한 말솜씨로 관중을 사로잡기도 해

헌데
저 깊은 곳에서
가슴이 미는 말을 들어봤어
가슴이 하는 말을 들어봤어

조금은 서툴러도
가슴이 미는 말을 들었을 때
내 가슴이 먼저 반응을 하거든

가슴이 없는 입은, 날마다 어떤 말을 할까
오늘도 풍선처럼 세상 입들 둥둥 떠다니는데.

코로나19 외 1편

전 ｜ 윤 ｜ 동

추적추적
창밖에는 겨울을 잠재우는
내 안에는 슬픔을 깨우는
비가 내린다

아, 하늘의 구름 뒤로
별님도 달님도 숨은 밤
저 건너 도시에
신종 전염병 산불처럼 번지고
병원마다 위급한 환자 숨을 할딱이는데

내 아이 눈동자 같은 별님
내 여자 웃는 얼굴 같은 달님은
언제 볼 수 있을까?
확산하는 전염병에 발이 묶인 우리
병을 피해 굴속 같은 집에 숨은 우리는
언제 자유를 얻을 수 있을까?

아, 별님도 달님도 우리 님도
모두 숨은 이 밤
고독한 세상 검은 슬픔 위로
속절없는 비가 내린다.

꽃이 지면 끝날까요

꽃 피는 봄이 와도
아이들은 학교에 가지 않아요
아침 해가 높도록
집에서 낮잠을 잔대요
아이들 웃음소리 기다리다
지친 꽃들이 슬픈 표정을 지어요

세상이 달라졌어요
도서관, 미술관, 경기장이 문을 닫고
성당과 교회, 사원과 사찰도 문을 닫아요
문 닫은 곳은 이것 말고도 아주 많지요
어느 공장은 가동을 멈추고
어느 식당은 음식을 팔지 않아요
바쁘던 길이 한산해요
덕분에 공기는 맑아졌어요

점점 퍼지는 코로나19
나라는 자꾸만 휴일을 늘려요
갈 곳 없는 아이들은 늦잠을 자는데
언제쯤 이 방학이 끝날까요
꽃이 지면 끝날까요.

한계령을 넘으며 외 1편

전 현 하

속세의 무거운 짐 동해에 부려 놓고
백두대간 고갯길 한계령에 올라보니
굽이친 산자락들이
침묵으로 다가온다

바위와 나무는 천지창조 신의 손길
저마다 제자리를 말없이 지켜 섰고
능선 위 뜬구름마저도
그냥 된 게 아니구나

스치는 갈바람은 잎새를 물들이고
먼 능선 바라보며 지난 일월 떠올릴 때
노을을
등에 업고서
새 한 마리 날아간다.

바람꽃

오롯이 솟아오른 청태 낀 바위 아래

스치는 바람길에 울다 지친 영혼이

그늘진 산협에 누워

덧없음을 노래한다.

수련화 외 1편

정 권 식

수련화가 피었네
예쁘게도 피었네

저 멀리
물 한가운데서
날 오라 손짓하네

하지만
다가갈 수 없네요

향기는
바람에 실려 날 오라
재촉하지만

가까이하기엔 너무나
멀리 있네요

당신은
연두색 방석 곱게 깔고
날 기다려도

난, 갈 수가 없네요
차라리 여기 서서 당신만
바라볼게요.

고려청자

적어도
금방 피었다가 쉽게 지는
그런 꽃은 아니었어

수천 년을
은근과 끈기로 이어 온
민족의 걸작이었어

은은하게 다가오는 매력
수천 년 민족혼을
청자의 푸른빛에 담았구나

오묘한 그 빛. 티 나지
않는 아름다움이여

그대여 언제까지나
그 고운 빛깔을
고이 간직하여 주려무나.

봄은 외 1편

정 │ 성 │ 채 │

꽃샘바람이
품에 스며들어
가슴을 시리게 하는 봄

그리운 얼굴은
스러져 흙에 묻혀
돌아올 줄 모르는데
나목裸木으로 앙상히 서 있던
그 가지에선 새 생명이 움트니
가슴 저미게 서럽구나

각가지 꽃들이
앞다투어 피어나
이 세상에 환희가 가득한데
그리운 얼굴 돌아오지 못하니
그 뒤안길에서는
피멍울의 통곡이 사무치네

봄! 봄은 너무나
슬픈 계절이어라
아픈 봄이어라.

뻐꾹 뻐꾹 뻐꾸기

7월 끝자락 그 어느 날
숲속 골짜기 그 길을 걸었네
문득 들려오는 산울림 소리
뻐꾹 뻐꾹 애잔한 울음소리

먼~ 향수를 불러오는 소리
가슴에 아련한 그리움이 출렁이었네
어릴 적 엄마 손에 이끌려
산촌 외가에 가던 그 산골길
그때도 뻐꾹 뻐꾹 뻐꾸기가 울었지

그때 엄마의 체취가
내 코끝을 스치는 것 같았네
눈시울이 뜨거워지며
가슴이 울렁거렸네
뻐꾸기 울음소리에
엄마의 음성이 들리는 것 같았네

무슨 사연이기에
그렇게 뻐꾸기는
애절하게 누구를 부르는 건가
아니면 처연하게 왜 그렇게 울어대는가
슬픈 뻐꾸기여!

시詩가 하늘길 열었다 외 1편

정수영

카페 유리창
안개가 자욱하다
카푸치노 거품은
뭉게구름 몰고 오고
빛바래지 않은
하얀 그리움도 소복소복
쌓여만 간다
2월의 눈 속
복수초 진노랑 꽃은
가냘픈 얼굴 쏘옥 내밀며
이른 봄 마중 길 나선다
눈 위엔
당신을 향한 녹슬지 않은
그리움의 발자국이 어지럽다
지금
당신이 안식하고 있는
그곳 가는
하늘길
시詩가 열었다.

하늘의 별님

가을밤 하늘의 별님
뒷굽 까치발
치켜세웠는데도
손끝도 닿지 않아요
만나 보고픈 별님
간밤의 뽀오얀 그리움이
아침 거실 창에 이슬로
송골송골 맺혀요
너무 반가워
가까이 더 가까이 다가서니
녹아 눈물 되어
흘러내려요
주님
어떻게 해요.

갈대 외 1편

정 | 순 | 영 |

나는 바람에 맞서지 않고
이리저리 쓰러지며 흐느껴 울었다

바람이 지나가고 나면
울음을 멈추고 일어나
유유히 흐르는 강의 소리*를 얻기 시작했다

쓰러지고
일어나고

다시 바람이 불면 쓰러져서
강에게서 얻은 소리로 흐느껴 우는 것이다

※소리: 판소리나 잡가, 민요를 잘 부르기 위한 득음(得音).

위로 慰勞

어깨를 살며시 껴안는다

먼저 별이 되어 내려다보는 아이를
밤마다 마중하는 아내의

어깨를 살며시 껴안는다

우리도 밤하늘 다정한 별이 되어
아이들의 아이들을 다소곳이 내려다보며 반짝이자며
젖은 눈빛을 건넨다.

억만금으로도 살 수 없는 정원 외 1편

정윤숙

앞에는 동해 푸른 물결 너울너울
파도 소리 오페라 화음
뒤로는 병풍으로 둘리어 있는 산
산 뻐꾸기 골짝 넘치는 개구리 소리
자장가로 울려 퍼지는 들
눈 뜨면 거대한 일출 보석
창문 온통 붉게 물들이는 창가에 앉아
신비의 묘약 조광욕을 즐기며
머―언 수평선에 찻잔 마주 올려
차 한 잔 마시는 안방은 무드 카페

거실 주방 욕실 그 어디서나
바다로 나 있는 창문 유난히 많은 집
쉬지 않고 춤을 추는 바다 오! 나의 바다
온몸 휘감는 황홀한 기러기 구름 해파리 구름
말로는 다 못할 고귀한 정경
심장 가쁘게 뛰고 가슴 아려와
짜릿한 전율에 절로 두 손 모아지는
이 벅찬 고마움 언제 어디 다 갚으리오
천혜의 정원을 내게 이리 주셨으매
살아도 살아도 감사 감사뿐입니다.

파도 · 5

누가 거짓이고
누가 진심인지
물컹물컹한 언어들

아득하게 전해 오는
절규와 허구의
사연 사연을
출렁출렁 밀고 당기다
폭탄으로 뒤집다가

너는 알고 있는지
모두가
모래성에 묻고 파헤치고
반복만 하는구나

바다가 없어질 때까지
파도의 생리 현상은
계속되겠지요.

명품 명강의 외 1편

정 정 순

긴 노력의 세월
꼼꼼히
저장된 그 내용
불편하지 않도록
조화롭게 잘 다듬어진
그 훌륭함 실감한다

좋은지
훌륭한지
들어봐야 알았을 텐데
왜 일찍 못 들어봤을까
더 빨리 만나지 못했을까
멋진 명품
명강의.

인생의 탑

어제의 내일은 사라지고
머지않은 그날이 오면
흙으로 돌아가지만
태풍에도
흔들리지 않는 돌탑
작은 돌처럼
작은 경험이 쌓여
마음속에 평화의 탑을 세웠네

산길을 걷노라면
하나하나 쌓인 돌이
탑이 되어
산을 지키고 있듯
인생길에 하나하나
탑이 된 책
내 서재를 지키고 있네.

굴절을 읽다 외 1편

정 주 이

바람 한 점 없는 무음의 날들
양철 지붕 긁히는
빗소리 되어 흩날린다

헐렁한 잔등에
무중력으로 유영하는
색깔들이 분주하다

저녁이 만든 기슭이
허공에 흩어지면
익숙한 풍경들이 몇 장
창문 불빛에 매달린다

울퉁불퉁한 계단 따라
내려오는 산그늘
곰삭은 햇살 사이로
선명히 드러나는 낯익은 기록

끊길 듯 이어지는 평면은
발 아래 원을 그리고

정오의 햇살 조율하듯
허방에 걸어둔 기억이
자꾸 한쪽으로만 주저앉는다

질긴 허기 발설한 채
어둑한 한기가
틈새 파고들면

날숨의 각도에
윙윙거리는 바람의 무게 이고
스쳐 지나가고

난간에 걸어둔 가뭄은
둥글게 몸 접더니 가벼운 잔상으로
추억의 갈피에 꽂힌다.

강가에서

순한 은결로 시린 얼음처럼
스미듯 비켜간 세월
꺼억꺼억
수천년의 침묵 삼키고

지축 흔드는 무심한 추억의 무게
제각기 다른 눈금과 뒤엉키더니
비움의 언덕에 올라
하루를 받아 건다

노을 서쪽 하늘에 머물렀던
엷은 충혈
파리하게 사위어 가는 문신처럼
조금씩 어둠을 걷어 내며
그렇게 유희 같은 마술이
옹이 되어 밝힌다

가슴으로 흐르는 물살은
찌들린 영욕의 시간 읽으며
때로는 미세하게 부서지고 싶어

심연에 누운 미숙한 구석들을
갈피갈피
수심의 페이지에 익히고 있다.

구름 외 1편

정 | 진 | 덕

넌 바로 자유야

한없이 펼쳐진 푸른 하늘
바람 타고서 두둥실 떠다니는 널 바라보며
조용히 마음 비우는 연습을 해야겠다

허둥대며 떠밀리듯 살아온 세월의 중력, 잠시 외면하고
유체 이탈하듯 나의 속사람이
밖에서
나의 겉사람 모습 빤히 내려다본다면
허다한 죄악과 상처로
얼룩투성이리라

한생을 욕심도 미움도 깨끗이 털어 버리고
깃털같이 빈 마음 하늘 높이 떠올라 세상을 보며
큰 그림 그리는 삶, 살아가는 구름아

언제쯤이면
나
널 닮을 수 있을까.

꿈 · 14

지금은
3D 기술 덕을 톡톡히 누리는 시대
사진이나 모든 영상들이 앞다퉈 컬러화되고
물체가 눈앞까지 번쩍 튀어나오는
입체 영화를 즐기기도 하는

미래는 잠 속에 등장하는 꿈도 발전하는 첨단 기술로 인해
흑백 영상에서 총천연색으로
움직이는 생명체마다 보다
감각적이며 생동감 넘치는 현실 같은 날
혹시 올 수 있을지

또
누가 알아

그땐 세상이 어디로
어떻게 될까.

뒤돌아볼 일이다 외 1편

조덕혜

흔쾌히 뒤돌아볼 일이다

내가 받은 상처가 태산이라면
내가 준 상처는 무수한 별일 걸

내가 한 용서가 호수라면
내가 받은 용서는 바다였을 걸

내가 준 사랑이 한평생이라면
내가 받은 사랑은 태초부터란 걸

머리 숙여 뒤돌아볼 일이다.

꽃병

빈 꽃병에
꽃은 한 송이만 꽂아도 넉넉하리

한 송이와 운명의 눈을 맞추고
한 송이의 비밀한 숨결을 듣고
한 송이의 고운 살갗에 마음 녹이며
한 송이와 속엣말 나누기에도
미처 사랑을 채우지 못한 채
어느새
앞산에 붉은 태양 으스름 저물어
등허리 시린 땅거미의 여운만이
시공간을 재촉하느니

많으면 녹이 슨 철선처럼 무겁고
적으면 희맑은 구름처럼 아름다우리.

광교산 푸른 봉에 외 1편

조병서

이 세상에 남자로 태어나
큰 뜻을 품고 그 뜻을 이루기 위하여
노력하는 일이야말로
인간을 인간답게 만드는 일이 아닐까
혹독한 단련 그 성취의 기쁨
그 크기는 정확하게 일치하는 것
신성한 남자의 생명력과 자존심
누구나 본받아야 할 기본 정신이다
청년 시절 혹독하리만치
갈고 닦으면 새로운 인간이 되는
지름길이요 숙명의 몸부림 속에
자신과의 싸워 승리하며 살아가는 것
시련 없는 인생은 애초부터 없는 법
그 옛날 젊은 날엔 우리 언제 어디서
무엇이 되어 다시 만나리 기약할 순 없지만
길고 긴 모든 세월 풍파 속에 굳세게
버티며 노년에 이른 그대들에게
광교산 푸른 봉 저 밑에 아름다운
우정과 추억을 남겨줄 순 없는 걸까.

동행자

나이는 팔십을 훌쩍 뛰어넘어
아흔을 바라보니 몸은 조금씩,
불편해지며 예전 같지를 않고
점점 늙고 병들어 간다네. 그렇다고
가만히 누워 있자니 기력은 점점 쇠잔해지니
나를 위해 너를 위해 말년에 덕담이나 쓰며
코로나와 동행자가 되는가 싶네
반복되는 일상 속에 긴가민가한
세상에 발버둥을 치며
고비 고비 넘기며 힘겹게 살아왔네
제 분수를 알면 일상이 편한 법
욕먹을 일이야 없겠지만
사람의 마음이야 조석변이요
인심이 천심이라 했지만
환상 속에 살고 있는 나 버겁고 힘겨워도
한 고비만 넘겨보세
꾸준하게 노력하면 하늘도
감동한다는데.

배앓이 외 1편

조 성 학

몸뚱이의 배앓이 발버둥 친 덕에
퍼렇게 멍든 갈비뼈가 내 것이다
명의를 만나 전신을 빙빙 돌려가며
몸통이 보낸 신호에 답을 찾았다
그렇지,
명의 아니던가

그러나 명의도 명의일 뿐
순간일 뿐이다
고목에 새순이 나길 기대할 순 없지 않은가?
하나를 얻으면 하나를 버려야
어제 간 친구도
그제 떠난 누이도 날 버리고 가지 않던가

그래서
오늘이다
삶이 즐거우면 누렇게 탄
이 얼굴도 그대로 좋은 거다.

천변의 낙

청계천 담벼락에 기대선
노오란 해바라기
그 뒤 바짝 달라붙은 담쟁이넝쿨이 가을스럽다
헤엄치는 청계천 잉어들의 무리는
어제마냥 자유롭다

너
나
우리는 하나같이 어제의 괴물
하루의 시작
마스크는 내 몸의 꼬리
코로나 감염자가 이천은 넘어
내 주위를 뱅뱅 맴돈다

너와 나의 시간은 자꾸만 달리며
재촉하는데
안부를 묻는 벗에게 전하는 말도
그 말에 그 말
삶은 기계적으로 움직여
청계천을 걷는 일이
유일한 낙이다.

콩물국수 외 1편

조 정 일

점심은 콩물국수
초여름 된볕 말아 후루룩
콩물이 왜 이리 되다냐
빠지면 헤어나오지도 못하겠다
걸걸한 미소가 밥상 위를 건너다닌다

비탈밭 서래콩
바짓가랑이 휘지게 자라
도리깨에 매품 팔아
이리 뒹굴고 저리 뒹굴고
덕석 끝에 숨었다가
주인놈 발끝이 덕석을 차는지라
가운데로 또르르 모인다

맛은 맷돌에 갈이야 제 맛이제
방앗간 기계에 갈면 맛이 난당가
콩 한 줌 집어넣고 손주 얼굴 한 번 보고
또 한 줌 집어넣고 무쇠솥 훔쳐본다
아야 힘들어 죽겠다 너가 갈아라

국수는 무엇으로 할까
아따 무슨 면이면 어떠냐
콩물이 좋으면 고무국수도 맛있제
시원한 얼음 듬뿍 넣어
어서 가져오너라.

장마

하늘 쪼개져 동이 물 쏟아붓고
구름 비낀 열기가
양철 지붕에 통통 튀며 짖어댄다

따지 못한 물외는 팔뚝만큼 커져
노각이 되었다
바삐 산다 하여
뾰족한 수가 있는 것도 아니지만
허둥대지 않으면
무슨 일이 곧 일어날 것만 같다

비바람 치는 날
목 굵은 울음이 시름에 젖어 있다
누런 물이 흘러 가슴골 패이고
싸라기 바람이 얼굴 깎고
허리춤 조이는 굳게 다문 입술이
바람끝을 잡는다

햇귀가 뾰초롬히 고개 쳐들면
횃대를 내려온 장닭이 모이를 쫀다
저 붉은 벼슬이
한낮 땡볕에 달궈 하늘 오르면
내 등짝을 얼마나 쪼아 댈까

진흙밭에 찍힌 발자국이 굳어져
회상에 졸고 있다
내일은 소나기성 폭우가 온다고 한다.

우리나라 외 1편

조 혜 식

뿌리 깊은 나무는
바람에 흔들리지 않고
쓰러지지도 않아요
반만년을 꽃 피웠어요

열 번 쓰러지고
백 번 쓰러져도
다시 일어서는 우리는
씩씩한 배달민족이에요

우리 겨레들은
어려울 때일수록
더 강해지는 민족으로
우리나라는 훌륭해요.

꿈을 키우는 아이들

먼동이 트일 때
일찍 일어나서
아침 해 힘껏 안고
제 할 일 찾아가요

해가 중천에 떴어요
우왕좌왕 사람들
모두가 바쁜 날이에요
땀에 흠뻑 젖었어요

땅거미가 깔려 와
으스름달을 지고
보람찬 편한 마음으로
내일 위해 쉬었어요.

동백꽃 피다 외 1편

조 홍 규

동백꽃 땅에 져도
붉다
붉은 것
그대로 붉다

져서도 피는 동백꽃은
살아서 붉더니 죽어서도 붉다

가슴에 담아 둔 것이
죽어도 살아 움직거려
가슴까지 붉다

가슴으로 품은 것 놓치고도
흩어져도 바르게 서서
붉다

가슴속 알아주지 않아도
땅바닥에 굴러도 다시 꿈꾸리라
붉다.

진또배기 되어

날 수 있다는 오리는
날 수 없다
누가 장대를 세워
날 수 있다 해도
날 수 없다

내려갈 수 없다
날아오를 수 없다

말 않고, 소리 내지 않고
오리는,
날고자 했으나 날지 못한 꿈을 걸어놓고
살아가느라 고단한 마을을 근심하다가
해 저물어 가는 마을 앞에 나와 서 있다.

가을날에 외 1편

진명희

그리움처럼
밀려드는 소리
된바람인 듯
발자국마다 스며들어
번지는 한기寒氣
깊이조차 가늠 안 되는
서러운 사랑이여
저리도 곱디고운 빛깔로
하늘빛을 휘어잡고
뿜어내는 열기를
다독이기를 몇 번
숨죽이지 못하는
단풍이여!

1월은

　1월은 숭숭 지나가는 바람 소리로 가득하다. 무엇과도 벗이 될 수 없는 낯선 시간이다. 때론 큰 바위의 무게로 나를 짓누르고 새털 같은 시간도 맛보게 한다. 어느 날엔 오로라 같은 환상의 빛깔로 낯설게도 한다. 하지만 작은 떨림으로 곧 사라지고 만다. 이어지는 벽과 벽에서 느껴 보는 한계의 정점, 그리고 긴 터널을 걸어가는 듯한 아득함, 심연 속의 고독, 맞이해야 하는 세상의 두려움, 위로의 눈빛을 갈망하는 1월은 두려운 나만의 의식이며 반드시 읽어내야 하는 무거운 경전이다.

보채는 가슴 외 1편

진진욱

그 갯마을에 가면, 지금쯤
익어 가는 보리와
에메랄드빛 물결이 출렁이고 있겠다

바위틈 빈 소라 껍질이 휘~이 휘
휘파람 불고 있겠다
내 고향 그곳에

갯마을이 싫다던 내 또래
봉순이는
서울로 시집갔댔지

학들이 둥지를 틀고 사는 작은 섬
그 작은 솔섬에도
잔물결 일렁이고 있겠다

가슴에 이는 물결이 고향으로 가잔다
보리와 파도와 솔바람과
함께 어울리고 싶단다. 아주 영원히.

낙엽을 밟으며

예년까지만 해도 낙엽 밟는 소리가
바스락 바스락
세상에서 가장 아름다운 선율이었던 것이
오늘따라 갑자기 찡한 느낌은
마치 나의 주검 위로 누군가가
구둣발로 짓뭉개는 아픔이어서

나도 죽어 누군가에게
아름다운 선율이 되게 할 수
있을까
살아서 입으로 지은 죄
그로써 참회될 수 있을까
갑자기 다리가 움직이지 않는다

낙엽마다 숭숭 뚫린 애환의
흔적들
뉘 아니랴
푸르던 지난날들이 점점이 구멍 난
발자취
바람이 분다, 주검들이 곳곳에서 나뒹군다.

백제의 회한 · 1 외 1편

차 | 경 | 섭

봄 오고 새 울기에 산유화는 피고 진데
그 예쁜 백제 미소 언제 다시 꽃피우랴
백마의 지혜를 꺾은 소정방은 저주롭고

꽃보다 더 예쁘고 아름다운 삼천궁녀
정녕코 한자리에 불꽃 연기 하였으니
바쁘게 죽음을 향한 요단강의 비극이여

무심한 백마강은 불러봐도 대답 없고
이 한밤 접동새만 울어울어 애닮구나
피 끓는 젊음과 사랑 초개같이 버렸기에

고란사 낙화암은 예나 지금 말없으니
한많은 백마강아 너는 알고 있으리라
사비성 무너지는 날 피에 젖은 꽃송이를

십오야 밝은 달은 흘러흘러 가련만은
고란사 종소리만 적막강산 깨우는지
풍랑을 거두지 못한 망국의 한 풀 길 없어라.

백제의 회한 · 2

사비성 등에 지고 나당과 맞섰으니
피 흘린 오천 열사 계백 장군 이 아니랴
이 밤도 천년 가람엔 법문 소리 절절하기에

백제의 사무친 한 풀 길 없어 애닯건만
청사에 길이 빛날 황산벌은 말이 없고
눈살을 찌푸리게 한 가진 자요 골프더라

부처의 한량없는 대자대비 몰라하고
풋내난 영계들이 원조 교제 하더라만
부소산 달 밝은 밤에 접동새야 설워 마라

지혜가 많은 서동 상서 기운 넘쳤기에
서라벌 선화공주 사랑 노래 절절했는지
지금도 나제 관문은 옛말하고 있건만은

망국의 슬픈 한을 누가 달래 주었는지
이제는 포룡정에 연인들이 깔깔대어
지금은 문화의 세기 춘추전국 시대 같구나.

은하수가 꽃이 되어 외 1편

차 영 규

엄마 별 품 안에서 눈까풀 깜박이며
새우잠 꿈결 속에 하늘 숲 날다보니
두둥실 안개꽃 되어 노래하며 춤추네

햇살이 버겁기에 어두움 찾아 나서
소쩍새 친구 되어 밤하늘 누비는데
찬란한 은하수 꽃들 하늘 위에 흐르네

달빛과 어울리며 하늘을 수놓다가
바람을 등에 업고 향기를 내쉬나니
세상은 황홀경 속에 꿈꾸는 듯하다네.

장마 속 반짝 손님

칠흑의
새벽녘에
장대비 꽂으면서

깊은 잠
들지 말라
대지를 흔들지만

하늘은
상심한 마음
실오라기 빛 주네

쉼 없이
춤추던 비
세차게 흩날리면

꿈꾸던
만상萬象들은
엉겁결 동요되나

햇살은
반듯한 이들
밝은 웃음 주누나.

닭 울음 외 1편

채 명 호

어둠을
닦아 내는
새벽닭 우는구나

기운 쏟아
치는 홰에
어둠 때 묻어난다

마알간
새날 보라고
한판 노는 저 신명 끝.

유년의 추억

장마 속
비 사이로
산나리 피었구나

함초롬히
젖은 상기
그리운 추억인가

소 놓고
놀던 유년이
서슴없이 뛰어든다.

산에게 외 1편

최 광 호

근대산업의 썩은 폐수 냄새가
구름 되어 노을로 탄다

내 유년 시절의 맑간 기억도
날개 퍼득이며 날으는 하늘

썩어서는 구름이 되는
집념과 몰입의 사태아들이

비, 바람, 눈보라로 쌓여
덮이는 산정
우리의 의지였던 산이
정좌해 있다.

산,
산,
산,

너로 하여
해가 기우는 인습 속에
오늘 하루를 등불 밝히다.

우이동 둘레길

이 겨레의 가슴속
한 많은 사연을 안고
어두운 밤 바람이 불어도
체념할 수 없는 정한情恨으로
수난의 폭풍도 두렵지 않았던 조상들에게
나는 지금 부끄러운 마음에 고개 숙여
3·1정신으로 다시금 반성해 본다

눈보라 속에서도
꽃 피는 봄이 온다는 것을
기다리며 이 겨레는
인내의 힘으로
무거운 시련의 계절 이겨내야 한다

언젠가는 화산처럼 터질 아픈 역사
우이동 둘레길을 거닐며
3·1운동의 발생지
손병희 선생님의 무덤을 바라보네.

새봄 외 1편

최 영 순

봄은 마법의 힘
겨우내 얼어붙은 지심 속을
아직 이른 얼음장 밑 물소리 흘려
생명의 깊은 잠 흔들고…
고운 쥐 털, 보슬보슬한 버들강아지가
이승의 아픈 강변을 풀어 헤치고 있다

때로는 휘청이는 생의 벼랑에서
연둣빛 새봄은, 어딘가 숨겼던
한 마리 파랑새를 풀어 날릴 때
삶은 기진을 부축하는 힘이 되어
여분의 날개 없이도 날 채비를 한다

산다는 것, 애시당초 눈물겨운 억척
저 무서운 대양을 언 발 움켜 안고
구만리를 키득거린 탈진한 철새 떼
생의 외양은 하나같이 부르튼 발등
수마 찢기운 나래짓으로 온다

휘어진 눈을 털고 일어선 솔가지처럼
솟구치는 봄기운을 생명으로 받아안고
거침없는 창공, 어느 열 오른 봄이
한 마리 불사의 나래에 바람을 단다.

간이역

여울과 구름은 한통속이 되어
산것들을 먼 갈바람으로 실어 나르고
영육은 날로 벌레 먹은 플라타너스 잎
생명의 섭리는 오롯이 단풍 진다

사무친 생애, 온통 까마귀 우짖는 날
한스러움 노역의 종말 처리가
허망의 한줌 재 흙일지라도
뭇 삶을 가늠하는 구원의 잣대는
비둘기 둥지 같은 단란한
존엄한 이념의 날갯짓으로 온다

이 세상 좀 덜 고통스럽고
만인의 꽃밭을 넓히는데
내 작은 불빛이나마
어두운 세상에 스며든다면야
제흙이면 어떻고
바람이면 어떠리

인생은 생각보다 길지 않고
떠나야 할 간이역 막차 같은…
이별은 늘 득달같이 살아 있고
등 떠미는 또 다른 큰 해후는
뒤 하늘로 깡그리 남겨져 있다.

봄의 서막 외 1편

최 예 은

겨우내 움츠렸던 그리움
무성한 이야기
사랑의 연서가 산허리를 풀면
물빛이 흘러내린다

찬바람 새순을 움 틔우는 길목
빗장 깊숙이 닫아 둔 심연 하나 꿈틀거리는
진달래 꽃망울 가지마다
별빛 찍은 향기가 휘젓는다

개구리 선잠 뒤척이다 깨어나
질펀한 땅을 솟아오르고
빗방울 후드득 뛰어다니다 남긴
상형문자의 흔적이 찍혀 있다

말갛게 씻긴 하늘 아래
숲속 팡파르 연주에 두근대는 기쁨
달달한 수액을 끌어올리는 자연의 숨결
산란하며 날갯짓한다

어두운 장막을 뚫은 연둣빛 얼굴
하늘거리는 봄의 화신이 속살대며
저벅저벅 걸어 나온다.

그리운 사람

나이 들어갈수록
녹록지 않은 인생길에
가슴 따뜻해지는 사람이 그립다

보이지 않는 곳에서
서로의 그리움이
잔파도처럼 살며시
내 마음속으로 스며들어 오는

애절한 마음을
꽃 편지지에 담아내고 싶은
그런 사람이 그립다

헛된 욕심과 이기심보다는
먼 훗날 서로의 마음속에서
겹겹이 쌓여 가는
축복과 의미 있는 선물로 이어지는

가슴 깊은 언저리에
언제나 추억이 머무르는
그런 사람이 그립다

은은한 등불 아래
서로를 밝혀 주는

아름답고 눈물 나는
그런 사랑이 그립다.

산

최 완 욱

오르다
오르다
지쳐
바위로 앉는다

내려오다
내려오다
가벼워
물소리로 흐른다

거기 두고 온
내 마음.

세월 외 1편

최 | 정 | 수

봄의 길목을 지나며
밝고 온전한 심신 위해
그냥 그렇게만 살지 말고
차수행茶修行 통해
가혹한 자기성찰
거듭 요구됨을 알았다

봄의 입김에서
갯버들 가지
맑고 예쁜 새싹들 뿜어내는
자연의 신비 속
조심스레 숙연해지는 마음
어찌할 수 없었다

차인으로 사는 세월 앞에 바람이 분다
푸른 정기 간직한 녹빛차※ 우려
낯익은 잔에 담아내니
향기로운 인생 맛이 하루를 채운다.

※녹빛차: 녹차를 우아하게 이르는 말

마음 녹차

몸은 푸르른 차나무 되고
마음은 맑은 녹빛차 되어
향기로운 차 인생을 살고 싶다

내 안의 차를 스스로 완성하는
차인이고 싶다

불멸의 문화유산 안고
그저 앞만 보고
뚜벅뚜벅 걸어가고 싶다

바람은 차마음 가꾸는
깊은 내면에 자리 잡아
세상 마구 흔드는 아픈 언어들 털어내며
차안지심茶安之心※으로 설레고 싶다.

※차안지심: 차로 마음을 편안하게 함.

봉린산 심원사 외 1편

최 정 순

지금은 갈 수 없는
부친 고향
평북 박천군 산양리
산정山頂 바위 봉황새 나래 펴고
아래 너럭바위 기린 목 닮아
봉린산鳳麟山 심원사深源寺

배흘림 통 굵은 기둥 보광전에
조모 백일기도 스며들어
얻은 부친,
고향바라기 하며 기도할 때
법당 창 쏟아지는 별빛
높새풍 예제없이 춤추고
야화 성글게 뒹구는 뒤란
목어 홀로 울 적

청천강 새밭 추억
마음 황포 돛배 싣고
서해로 흘러, 흘러
꿈에서나 만나네,
봉린산 심원사 조모를.

한설

한설 무렵
평북 박천 봉화리 마을
사나흘 굶긴 매 방울 달아
꿩 사냥 나서면
날 선 동천冬天 선벽鮮碧에
은 이불 덮고 누운 산하
매와 날리는 휘파람
산 허리춤 조카들 그물망 포위
매 꿩 포식 전 방울 소리 듣고
구럭 무게 커져 간다

꿩 깃털 넣어 푹신한 베개 만들고
발갯깃 먹물 뚝뚝 수묵 담채화 치고
꿩 꽁지 잉크 묻혀 쓰던 일기 덮으면

가마솥 꿩뼈 우려낸 국물
김치 꿩고기 다져 넣은
입 안 가득 채우는 주먹 꿩 만두
고향 설 풍경
아버지 이제, 함께 하겠지요.

다리미의 외출 외 1편

최 주 식

화려한 외출을 위해
온몸으로 뜨거움을 안고 품어서
주름진 하루를 사랑으로 다린다
너무 뜨겁지도 않게 나긋나긋이
네 뜨거운 입맞춤에 하루가
칼날같이 날세운 바짓가랑이에
남루하고 무딘 내 정체된 삶의 흔적도
반짝반짝 빛이 난다
오늘 하루 즐거움이 행복의 물결로
찰랑찰랑 남실거리면
하얀 와이셔츠 칼라는 나비인 듯
넥타이에 앉아 네 뜨거운 사랑을 물고
나풀거린다
축복을 위한 날갯짓은 화려하게
예식장으로 날아가기도 하고
숙연하게 엄숙한 장례식장에
온화한 네 사랑의 빛이 위로가 되기도 한다.

가을의 눈물

바람 한자락 스쳤을 뿐인데
저 한 잎 일렁대는 애처로움이
빨갛게 물들어 흔들리는 것은
잃어버린 듯이 쓸쓸히 꼬집힌
네 아픈 가을의 눈물이다

빛 한줄기 잡고 몸부림칠 뿐인데
가슴 젖혀 떨어지는 한 톨의 밤은
그리움 헤집어 얼굴 내밀고
뜨겁게 흘리는 가을의 눈물이다

감추려 해도 감출 수 없고
비우려 해도 비울 수 없어
마구 잡고 흔든 가을 애상

마음 한구석 구멍이 뚫린
가을이 때리고 가는 슬픔이며
야멸차게 놓고 가는 가을의 눈물이다

그러나 어쩔거나 때려 놓고 몸부림치며
제풀에 지쳐 쓰러지는 저 가을을….

초승달 외 1편

최 진 만

하늘은 차디찬
캄캄한 유리창
창 너머 초승달이 걸렸다
시퍼런 칼날
턱의 곡선을 스치며
밤새 근심 어린 잔털을 지운다

저기 송곳 칼끝에 찔린
여우의 앙칼진 울음
까만 허공을 가르면
닫힌 유리창이 깨지고
볼 닿은 그믐 바람 먼 봄으로 추워
원고지 밖 들꽃 세상에도
햇 동이 뜰까

검은 침묵으로 불러보는 이름이여
빛나던 별빛 넌지시
불러내는 메시아여
초승달 뜨고 진 몇 년
저 밝아 올 여명의 언덕으로
떠돌던 초인은 오는가.

나를 위로하며

오늘 같은
내일을
살아야 될 나이

어제, 오늘이라
이름 짓지 마라
있는 듯 없는 듯이
오늘을 산다

한생 살면서
굽이굽이 넘어온 나이
무엇이 두려우랴!

제자리 지켜내는
뭇 것들을 보라!

나만큼
노력치 않은 것이 없다
나만큼 힘들지
않는 것이 없다.

풍경 속에서 외 1편

최 창 일

눈을 감아선 안 되는 곳이며
마음을 감아서도 안 되리라

짝을 만나면 그 좋은 풍경에서
내가 가졌던 전부와
내가 버릴 전부를 내려놓고

씨앗 뿌리고 열매 기다려
꽃이 피는 마음으로
모시 식탁보에 마주 앉아

풍경 속의 이 순간 바라보리.

이별 감정

다시는 하고 싶지 않은 것

마음대로 되지 않는다

발끝 떠나도 마음은 거기 머무르고 있네

떠나는 낙엽의 가슴도 붉게 타기는 마찬가지다.

태양은 다시 떠오른다 외 1편

최 태 석

하루내 비가 내린다
마파람 즈려 소나기 진다
여호아 하나님이 울고 계시나보다
좌를 보며 흐느끼면서
우를 보며 통곡하면서

보혈로 사함받아
가이없는 보우로 나이테진 세월
몽매어라 이제껏 눈 멀어
수렁에 허우적대는 하 많은 양떼들
안쓰러 못내 안타까워
한 옥합 궁휼의 눈물로 발등 씻어 주시려고
시나브로 울고 계시나보다

나는 빛이라
길이요 진리요 생명의 빛이리니
아들아 딸들아 어서 어서 내게로 오라
비바람 채찍질하는 어둠 속
천둥 치듯 들려오는 하나님의 번갯불 음성

오호라 내일 날에는
태양은 다시 떠오르리라
하늘 위의 하늘 할렐루야 피에타
저 높은 곳을 향하여
양떼들은 소망의 눈길을 모두운다

하나 4 · 청지기

당신의 머슴이고 싶소이다
고된 일 벅찬 일 마다않고
이 한몸 가루 되어 헤쳐내리다

당신의 포로이고 싶소이다
험한 길 궂은 길 가림 없이
이 한 목숨 갈하도록 걸어가리다

당신의 노예이고 싶소이다
고된 맘 겨운 맘 어림 없이
이 한 영혼 사르어 삭여내리다

당신의 종이고 싶소이다
당신의 푸른 슬픔 내 눈물로 썰물 지우고
당신의 붉은 상처 내 살 찢어 감싸드리오리다

님이시여
내 옷소매 움켜쥐소서
정녕코 당신의 청지기가 되어 드리오리다.

외로운 밤에는 별이 많아지는 까닭을 알겠다 외 1편

최해혁

외로운 밤
수많은 그리움이 모여드는 창가에
별이 많아지는 까닭을 알겠다

서로가 만나지 못해 애태우다
끝내 이름 없는 자리로 뜨는 뭇별들

외로운 사람은
하늘 가까이 마음을 둔다 했지

또 하나 이름 없는 별이 그리로 올라간다

외로운 밤에는
별이 많아지는 까닭을 알겠다.

늦깎이 사랑

눈 감으면 떠오르고
이상한 일이네

늦은 시각인데
사랑채는 밝혀 있을까

생각만 해도 가슴은
콩닥콩닥 뛰고

그리움 모인 창가에
서성대는 내 모습

새벽까지 뒤척이며
잠 못 이루는 나는

사랑 나이 훨씬 지난
예순넷 순애보.

노을 외 1편

최 | 형 | 윤

세월은
아내를 가만히 놓아두지 않네

자식들 제 살림 차려 집 나가니
이제
두 늙은이 허리 펴고
오순도순 살라 하는데

수전증, 당뇨에 심장까지 탈이 나
병원 문턱 이웃집 마실 가듯
드나드는 아내
치아라도 성하면
하루 세끼 마음 놓고 먹을 수 있으련만

해거름에 다녀온
안쓰러운 모습 보니
젊은 날 곱던 얼굴이
노을 속에 피어오른다

꿈은 세월 속에 머무르고
추억은 세월 따라 흘러가네.

기다려 주지 않는 바람

나무는 가끔 바람을 그립니다

누구나 다 만나면
언젠가는 헤어져야 합니다

어버이 머무르는 시간
함께한 세월보다
더 길지 않음을 알았을 때는
이미 헤어짐을 맞게 됩니다

한평생 자식을
자신의 삶 속에서
가장 귀히 여겼던 부모님
마냥 우리를 기다려 주지 않습니다

바람은 나무를 흔드는데
나무는 바람을 붙잡지 못 합니다

소슬한 가을바람이 가슴을 적십니다.

마중물 외 1편

추 경 희

혼자서는
도저히 끌어낼 수 없었던 일
그것은 깜깜한 절벽이었다

사방을 둘러봐도
혼자였을 때
그것은 절망이었다

텅 빈 마음
한참을 아주 한참을
비우고 나서야 알았다
누군가의 손을 잡아야 한다는 것을
스스로 손을 내밀어야 한다는 것을

마중물 한 바가지 절실할 때
이 세상 어딘들
혼자인 적이 있었을까?
이 세상 어딘들
거저 얻어진 것은 없었다.

길 · 4

가만히 생각해 보면
어디에든 길이 있었다

길섶 풀잎 한 장에도
수많은 물길이 있었고
깜깜한 어둠 속에서도
바람의 길은 있었다

여태 나는
최선이라는 가장을 얹은 채
확연한 길만 찾아 걸었다

이만큼 와 보니 길이 보인다

잎맥의 끝에서 숨길이 열리고
바람의 끝엔 새벽이 있었다.

태풍 뒤 외 1편

추 영 호

한바탕
가을 태풍이 쓸고 간 자리
제법 굵은 가로수 가지도 꺾이고
들판은 뒤엉켜 아수라장인데
저기, 꿋꿋이 서 있는 깻단들
별로 탄탄해 뵈지 않는 삼각 발을 세우고
보란 듯이 늠름하다

숱한 세파에 휘청일 때마다
우리 어깨를 맞대고 서면
못 버틸 바람 어디 있겠느냐고
내밀던 작은 손을 생각한다
삼각 깻단 같은 그 사람
어디선가 짙은 향내를 품고 있겠지
그게 나의 당신이었으니까.

어제 같지만 아득한
―병상 추억

추적추적
창밖에 비가 내리네요
차렵이불 밑으로 삐져나온 당신의 복숭아뼈
왜 그리 희게 보이던지요
작은 숨소리 곁으로
나도 자야지 하면서 누우려는데
파르르 복숭아뼈가 떨리데요
늘 그렇듯, 오늘 밤도 가위에 눌리나 봐요
어깨를 지그시 안아 주려는데
울컥, 한세월이 지나갔지요

어제 같지만 아득한
우리 연애편지를 쓰던 밤에도 비가 내렸지요
가장 중요한 것은 보이지 않는 것이라고[※]
사라지는 것들은 아름다운 것이라고
그 순간만은 말할 수 없었지요
무심히 던진 돌을 무심히 받아 주던
닫힌 앞가슴을 무심히 열어 주던
당신의 추적추적한 세월 위로
오늘 밤비가 내리네요.

※『어린왕자』 중에서

어느 묘지 옆에서 외 1편

한 병 윤

솔바람 일고 지는 고갯마루 양지녘에
세월의 손을 놓고 홀로 누운 서러운 넋
말 없는 빛과 어둠은 한 줌 흙을 쌓는다

뉘라도 이 앞에선 정죄할 수 없는 모습
이곳이 세상에서 제일 편한 안식처일까
바람은 그냥 지나가도 빗줄기는 알고 갈까

부귀영화 다 벗고 희로애락 다 삭이고
천년 잠 자고 나면 또 몇천 년 꿈길일까
찾아온 본향의 사랑 한 줌 흙의 평안이여.

인생 · 4

살아서 한백년 죽어서는 몇 해련가
차라리 한 개 돌로 침묵으로 산다면
아침 해 지는 노을도 서럽지가 않을 건데

바람이듯 구름이듯 허허로운 꿈길이듯
빈 그릇에 바람 차듯 빈 마음에 달[月]을 안고
흐르는 물 위로 떠가는 한 잎가랑 같은 거.

흐르는 혈맥血脈 외 1편

한 빈

삼형제가 모이자 해서
우리는 음식을 따로따로 맡았다
지루하지 않게 연신 즐거운 마음으로
벙글거리며 미역국을 끓였다
해질녘, 메밀꽃 하얗게 빛나는 등불을 켜두고
하나 둘 모이자 반갑게 맞이하여
빵과 음식을 차려 잔잔하게 타오르는 촛불 앞에
경건하게 '축하'의 찬가를 부른 후 온 가족이 옹송그리고
앉아 차려놓은 음식을 맛있게 먹었다

언제부터인지 큰동생 머리가 허옇게 되어 가고
육십한 개의 주름이 보였다
골방 아랫목에 모여 미소하며 연민의
육십 삶이 돋보기 쓸 때가 온 것이다
그립고 애틋함이 흐르는 삼형제
녀석들, 한자리 앉아 동무 삼아 환하게 웃어 가면서
좋은 기억 좋았던 일 떠올리며 서러운 이야기 나누는데
섭섭한 마음이 있어도 관계를 한결같이 자연스레
돌아가곤 한다. 참 고마운 일이 아닐 수 없다
내게 주는 진정으로 행복한 날이었다

어머니, 어머니와 애절한 이별을 해 보았고
어머니 손은 큰손이었다 많이 해서 사람들과 나누어 먹고
배고픈 사람 데려다 밥 먹이고 곱게 늙은 속 깊은 사람이었다

내게 주는 덕을 본받아야 하는 마음
세상에 없어 언제나 그리움을 알았다
이 자리에 있을 것 같은 생각이 남아 그립다는 거,
어·머·니 이름 석자를 뇌리에 떠올려본다.

어미의 한恨

젖 물린 어미 염소 보며
눈물 게워 낸다
탯줄 끊고 기어 나온
문밖의 여자
아가는 배고파 울겠지?

내 품에 없네,
내 품에 없네,
맨살 젖 더미 드러낸들
아가의 울음보다 더할까나

풀어놓은 젖가슴에 옹알이로 살갗
조물락거리며 젖 빠는 천진난만한 아가

멈출 줄 모르는 젖줄이 눈물 되어
진물 된 어미의 한恨이네

점점 흐려지는 눈앞에 입으로 몸으로
살아 있는 어미의 인연 빠른 움직임이
허기진 새끼 젖 물린 채 풀 뜯어 삼키고 있다

그냥 갈 수 없어 속울음 삼키며 하늘을 본다
투명한 아가의 손, 끄나풀 두고 왔으니
마음 편할 날 있겠는가.

꽃 진 자리 외 1편

한 성 근

마치 한차례 황홀한 봄꿈처럼
애절하게 짓는 표정을 또 한 번 떠올리며
급급히 떠나가는 마지막에 가서는
이별의 몫은 나의 것이 아니다
되새김질하는 궁리 끝에 남겨 둔 미련은
위로의 징표로 드러내고 싶은 욕망이었을까
힘주어 사래질하는 경계에 선 몸짓도
위험한 이력을 들추는 일이건만
머지않아 내가 없는 날들을 에돌아 본다
발 아래 낮은 곳을 두려움 없이 흐르는
마음의 시 한 편 남겨두면 그만인 것을
형형히 눈 뜨던 달뜬 순정을 담아
흔적도 없이 흩어진 꽃 피던 자리
고독한 추억을 조금만 불러일으켜
저만치에서 제자리걸음하다가
뒤란 마루 끝 법문을 열어
도다녀올 차림새로 넌지시 가야 할 텐데
물욕에 길들여진 헛헛한 돌멩이만 걷어차고 있다.

흘러 그리움 되어

잊고 지내는 날들이 수북하게 쌓여 간다

시야에서 멀어진다는 것은
마음자리까지 돌아선다는 변죽울림일까

더 이상 위로가 될 수 있는 날들의
기억들이 느리게 자취를 감추고
허공 깊숙이 휑하게 남아 있는
급기야 오직 하나의 그리움일 뿐

서둘러 몸과 마음의 수평을 유지하려
들숨 날숨 없는 높이를 맞춰야겠다

금방이라도 기억해낼 수 있는 시간들이
땅거미 내려서도 돌아올 기척 없어
밤이 깊어 가면 저절로 잊혀 갈 것이다

또 하루가 그렇게 잠깐 왔다 간다.

비가 지나고 나면 외 1편

현 영 길

흘러간 빈자리
파여 있는 웅덩이 빗물
채어진 흙!

※우렁찬 천둥의 어둠 빗물 지나고 나면 햇살만이 나를 반기고 어둠 사라지고
 파인 웅덩이는 흙으로 채워지니 어느새 아침 밝아 오네.

어항 속 나

지구 어항
비가 오는 날이면 난,
큰 어항 속!

※비가 오는 날 난, 지구라는 공간에 온 인류의 사람과 하루 시작한다. 둥근 지구 속 빗물이 어항 속 갇혀 있는 모습 보고 있는 것 같구나! 지구 아무리 크다 한들 그분 보시기에 작은 개미같이 보이는 저 본향, 오늘따라 그분 사랑 노크한다.

황야의 꽃 외 1편

현 형 수

오늘도 아무도 보지 않는 곳에서
소리 소문 없이 서럽게 꽃이 핀다
그렁그렁 눈물 적시며
땀방울 맺힌 산고를 인내하듯
억울하게 꽃이 피다

아무도 관심 주지 않는
빈 들의 임자처럼
먼 들의 황야에서 제 홀로
꽃순 하나 올려놓는 아슬한 연민의 꽃이여

광기 어린 서슬 퍼런 낮과 밤을 극복하며
처절한 운명처럼 피는 꽃이여
새들도 미처 볼 수 없는
저 머나먼 황야에서
사철 저 홀로 소리 소문 없이 피고 지는
이름 없는 꽃이여.

삶의 기억 저편

기억을 바르게 읽고 지우기 위한
나름대로의 삶의 흔적들
폐부 깊숙이 간직하며 사는 한세상
귀로 듣고 보는 것들
내 삶의 근원이었던 골목이나 놀이터도
지금은 심연의 깊이처럼
오롯이 잠수하는 정신의 흔적들
지금 내 가까이서
더욱 깊은 나이테로 서성이는데

이미 돌이킬 수 없는
자아를 버린 회상들과
지울 수 없는 과거는
이제 내 앞에서 선연한 붙박이로
꼭이 필요한 곳에 닿기 위해
망각 저편의 소소한 얘기로
거울처럼 정죄하고 있다.

사랑을 잃고 사랑을 간직하네 외 1편

홍 경 흠

　나는 서리고 엉킨 사랑을 잃고 엉엉 울었소 휘청거리기 싫어 발바닥에 힘을 꽉 주고 거만하게 걸었지만 세상이 사라졌소

　짓무른 통증은 신음의 힘줄이 당긴 활시위처럼 휘어져 쪼그려 앉으면 목이 타 모든 회로가 끊긴 채 살점이 뚝뚝 떨어져 나갔소

　보름달이 떠오르지 않게 하소서.

모기의 넋두리

입이 가벼운 게 문제다 물기 전에 앵앵거리는 버릇은
맞아 죽는 지름길인데도 맛있는 먹잇감에 눈이 멀어
피를 보면서도 불구덩이 속으로 날아든 것은
시꺼먼 욕심이 앞을 가려 사방을 볼 수가 없어서
사각지대인 줄로만 안 사냥은 성공과 실패를 거듭하고
어느새 먹이를 볼 때마다 식인 상어처럼 흡혈하다가
되레 쫓기는 경우 무덤 밖에서 입맛을 다셨다
그렇게 욕구와 좌절이 중심을 잃은 채
비바람이 몰아붙여도 개의치 않고 마구잡이로
밤이 되면 피를 뒤집어 쓸 때까지 빨아먹고는
천상의 누각에 누워 알을 낳는 습관 때문에
아무도 헹가래를 쳐주지도 환호성을 지르지도 않아
내 삶이 누더기가 된듯 하여 슬프고 아파도
누군가의 피로 내 몸이 파랑이 된다는 믿음에
언젠가 가파른 생이 불쑥 솟아나 뭇시선을 받는
쓸모 있는 상상을 하면 빛이 들지 않는 층계의 뒷면
미간이 찌푸려지는 갸우뚱은 음지뿐이어서 얼빠진 난.

확인된 사랑 외 1편

홍 계 숙

햇빛 좋은 날엔 몰랐습니다
아름다운 목소리로 노래할 땐 몰랐습니다

인연의 땅에 함께 심은 꽃
순수의 빛깔과
뿌리의 깊이를 몰랐습니다

저절로 자라서 꽃을 피우고
저절로 흔들리며
향기 내뿜는 줄 알았는데

아니었네요
아니었네요
지극정성 가꾼 마음 때문에
상처 없는 꽃잎 유지할 수 있었네요

화창한 날엔 몰랐습니다
우울의 빗방울 가끔씩 떨어질 때
한 송이 꽃을 향한 당신의 사랑
확인할 수 있었습니다.

그곳에 가면

예술의 거리 홍대 앞
삶의 물음표, 한 잔 술에 담아
사랑에 취하던 그곳에 가면
과거, 꿈을 좇고, 꿈을 사랑하던
소녀를 만난다

젊음을 노래하던 영롱한 눈빛들
달빛 속으로 사라져 갔으나
조밀한 카페에서 익어 간 밀어들
긴 세월 흘렀건만 기억이 나네

해바라기 한 송이 벽에 피어 웃고
피아노 건반 위로 낭만이 춤추는
그곳에 가면
풋풋한 싱그러움, 심장 박동 요동치는 행복
살며시 다가와 내 품에 안기네.

한국시인연대상 운영에 관한 세칙

한국시인연대 제16대 임원

한국시인연대상 운영에 관한 세칙

1. 시상 일시
    본상은 매년 1회 5월에 시상하는 것을 원칙으로 한다.

2. 심사위원
    ①본상의 심사위원은 5인 이내로 구성한다.
    ②당해년도의 본 협회 회장단 및 사무국장은 심사위원이 될 수 없다.
    ③심사위원은 회장단과 사무국장의 협의를 거쳐 회장이 위촉하며 수상자 결정까지 그 명단을 공개하지 않는다.

3. 수상 후보자
    ①수상 후보자는 문단 등단 10년 이상인 분으로서 심사 대상 기간 중 창작 시집을 간행한 분을 대상으로 한다.
    ②본상을 수상했던 분은 다시 수상 후보자가 될 수 없다.

4. 수상 대상 기간
    기간은 각년도 1월부터 12월까지 1년 동안으로 한다.

5. 수상자 선정
    ①수상자는 약간 명으로 한다.
    ②수상자는 심사위원 전원의 합의에 의해 결정하며 합의되지 못할 때에는 다수결로 할 수 있다.

6. 시상
   수상자에게는 본협회 소정의 상품과 상패를 수여한다.

7. 기타
   본 세칙은 1993년도부터 시행한다.

(사)한국시인연대 제16대 임원

회　　장　박현조

고　　문　정순영 이진석

부 회 장　이근모 이명우 박대순
　　　　　박영춘 임　향 정진덕
　　　　　진진욱 홍계숙

이　　사　박달재 박연희 안숙자
　　　　　오병욱 이지언 이한식
　　　　　정윤숙 최진만

중앙위원　강인숙 구춘지 박화배

한강의 서정

초판발행/ 2022년 7월 29일
지은이/ (사)한국시인연대 박현조 외
펴낸이/ 김명덕
펴낸곳/ 한강출판사
홈페이지/ www.mhspace.co.kr
등록/ 1988년 1월 15일(제8-39호)
주소/ 서울시 종로구 인사동11길 16, 303호
전화 02) 735-4257, 734-4283 팩스 02) 739-4285

값 30,000원

ISBN 978-89-5794-507-0 03810

※저자와의 협약에 의해 인지는 생략합니다.